差がつく練習法

野球 想像力を育てる捕手ドリル

著 中島彰一 侍ジャパン社会人代表コーチ

JN176662

INTRODUCTION
はじめに

　捕手は「扇の要」と言われるように、唯一野手全員の動きが見られるポジションです。勝敗の7割、8割に影響する投手の配球を組み立てる立場でもあるため、非常に重要なポジションだという責任感をまず持ってほしいです。

　また、捕手はあくまで控え目な「女房役」であり、いかに投手を引き立たせるかという大事な役割を担っています。投手のために「自分の責任です」とかばい、あえて怒られ役を買って出るのも捕手に必要な素養となるでしょう。

　特に高校生、大学生の場合は短い練習時間の中、どれだけ効率よく捕手の技術練習ができるかを追求してほしい。技術的に一番伸びる時期なので、練習時間の過ごし方で伸びしろは大きく変わってきます。捕手に限らない話ですが、目的意識を持って練習しなければなりません。練習が終わり家でプロ野球中継を見ているときも、配球を読んだり打球がどこに飛ぶかを予測したりすることは捕手にとって大いにプラスとなります。日々の生活の中でも上達するヒントは落ちているのです。

　指導者の皆さんには打たれても「何で打たれるんだ！」と軽々しく怒るのではなく、なぜ打たれたのか原因を分析し指導してほしいと思います。ただ結果論だけを振りかざして捕手を怒ってしまっては、大胆な思い切ったリードができなくなってしまいます。そうなると当たり前のリードしかできなくなり、実力のある強いチームと対戦するときにリードが読まれるでしょう。「お前に任せた」と信頼し、捕手の思考を止めないような指導をお願いしたいです。

　この本が捕手の皆さんの技術向上に役立ち、そして指導者の方々の指導の手助けとなる一冊となれば、非常にうれしいです。

侍ジャパン社会人代表コーチ
中島彰一

CONTENTS
目次

2 ── はじめに

第1章　捕手の構え

10 ── Menu 001　構え作り
12 ── Menu 002　パントマイム
14 ── Menu 003　構えからダッシュ
16 ── Menu 004　アヒル歩き
18 ── Menu 005　2カ所ペッパー
20 ── Menu 006　サインと構え
22 ── Column ①　時間を効率よく使い、捕手練習に取り組もう

第2章　捕球を覚える

24 ── Menu 007　コースごとのミットの出し方
26 ── Menu 008　コース捕球
28 ── Menu 009　低め捕球
30 ── Menu 010　動かさない捕球
32 ── Menu 011　変化球の捕球
34 ── Column ②　捕手経験のない指導者は、どのように捕手を指導すべきか

第3章　ボディーストップ

36 ── ボディーストップの基本を知ろう
38 ── Menu 012　基本の形で止める
40 ── Menu 013　左右のボールを止める
42 ── Menu 014　こぼれたボールを拾う
44 ── Menu 015　外国人式ストップ
46 ── Column ③　国際試合で戦うため、気をつけるべきこと

第4章 スローイング

48	Menu 016	捕球からステップ
50	Menu 017	打者を立たせての送球
52	Menu 018	二塁送球
54	Menu 019	フットワーク
56	Menu 020	一塁けん制
58	Menu 021	三塁送球
60	Menu 022	ドリル「山」
62	Column ④	キャッチャーミットの作り方

第5章 捕手の守備練習

64	Menu 023	捕手のキャッチボール
68	Menu 024	バント処理（一塁）
74	Menu 025	バント処理（二塁）
78	Menu 026	バント処理（三塁）
82	Menu 027	バント処理（切り返し）
84	Menu 028	送球の捕球（ノック）
86	Menu 029	捕球からタッチ
90		タッチプレーの注意点を覚えておこう！
92	Menu 030	キャッチャーフライの捕球
94	Column ⑤	捕手の打撃への生かし方

第6章 配球

- 96 ── 配球＝打者を打ち取るための作戦
- 98 ── 打者を見てタイプを分類する

シチュエーションに応じた配球を考える

- 102 ── ①一死一、三塁　左投手対右打者（強打者）
- 104 ── ②一死一、三塁　左投手対左打者（強打者）
- 106 ── ③一死一、三塁　右投手対右打者（強打者）
- 108 ── ④一死満塁　右投手対右打者（弱打者）
- 110 ── ⑤一死満塁　右投手対左打者（弱打者）
- 112 ── ⑥二死二塁　右投手対右打者（強打者）
- 114 ── ⑦二死二塁　右投手対左打者（強打者）
- 116 ── ⑧2ストライクからの抑え方
- 118 ── ⑨無死満塁を抑えよう
- 122 ── ⑩一死三塁　右投手対右打者
- 124 ── ⑪無死一、二塁　右投手対右打者
- 126 ── ⑫一死二、三塁　右投手対右打者
- 128 ── ⑬一死一塁　右投手対左打者（強打者）
- 130 ── ⑭無死三塁　右投手対右打者（強打者）
- 132 ── **Column** ⑥ 捕手に必要な要素「先の展開を読む」

第7章 シチュエーション守備

- 134 ── 捕手は状況に応じた守備体系を知るべし
- 136 ── シチュエーション1＝基本守備（走者なし）
- 138 ── シチュエーション2＝無死一塁
- 140 ── シチュエーション3＝無死一、二塁
- 142 ── シチュエーション4＝無死三塁
- 144 ── シチュエーション5＝無死一、三塁
- 146 ── シチュエーション6＝一死三塁
- 148 ── 一、三塁からの戦術と対策〜①偽装スチール
- 149 ── 一、三塁からの戦術と対策〜②一、三塁ランナーの重盗
- 150 ── 一、三塁からの戦術と対策〜③セーフティースクイズ
- 151 ── 一、三塁からの戦術と対策〜④スクイズ
- 152 ── 一、三塁からの戦術と対策〜⑤ヒットエンドラン
- 153 ── シチュエーション7＝一死二塁（左弱打者）
- 154 ── シチュエーション8＝一死満塁
- 155 ── シチュエーション9＝無死満塁
- 156 ── シチュエーション10＝無死 or 一死二、三塁

- 158 ── お悩み相談室　捕手Q＆A

- 172 ── **おわりに**

本書の使い方

本書では、写真や図、アイコンなどを用いて、一つひとつのメニューを具体的に、よりわかりやすく説明しています。写真や"やり方"を見るだけでもすぐに練習を始められますが、この練習はなぜ必要なのか？　どこに注意すればいいのかを理解して取り組むことで、より効果的なトレーニングにすることができます。普段の練習に取り入れて、上達に役立ててみてください。

▶ 身につく技能が一目瞭然

練習の難易度やかける時間、あるいはそこから得られる能力が一目でわかります。自分に適したメニューを見つけて練習に取り組んでみましょう。

▶ なぜこの練習が必要か？　練習のポイントと注意点

この練習がなぜ必要なのか？　実戦にどう生きてくるのかを解説。また練習を行う際のポイントや注意点を示しています。

そのほかのアイコンの見方

 ワンポイントアドバイス

掲載した練習法をより効果的に行うためのポイントの紹介です

Level UP!

より高いレベルの能力を身につけるためのポイントや練習法です

 重要ポイント！

掲載した練習を行ううえで特に意識しておきたい重要なポイントの紹介です

 指導のポイント

練習するにあたって指導者が気をつけたいことの紹介です

第1章
捕手の構え

いい捕手の条件の一つは、投手が投げやすいこと。
まずは投手が投げやすいしっかりした構えを作っていこう。

捕手の構え

投手の的になる構えを作る

Menu **001** 構え作り

難易度 ★★★☆☆
時間 5〜10分
得られる効果
▶ キャッチング
▶ スローイング

▼ やり方
1. 面、防具を身につけミットをはめる
2. ブルペンに投手がいることを想定して構える

[正面からの構え]

[横からの構え]

選手のポイント

投手が投げやすくなることを意識

捕手で一番大事なのは「投手の的となる構え」を作ることだ。しっかりとした構えができていれば、投手は思い切ってボールを投げられる。そのためにも重心を両足の拇指球（親指）にかけ、体がぐらつかないようにしっかりと構えるのがポイントだ。

❓ なぜ必要?

構えが安定しないと良い的にならない

捕手は投手の的とならなければならない。構えがぐらついていたり不安定だと的がぶれてしまい、投手がしっかりと投げることができなくなる。「どんなボールも捕ってやる、止めてやる！」という強い気持ちを持って、どっしりと構える。

 重要ポイント！

どのボールにも対処できるよう構える

低めのボールに備えるため低く構えた場合、高く浮いたボールがくると対処できずに後ろへそらしてしまうことがある。どこにボールが来ても対処できるよう備えておくのがポイントだ。また、下半身はカカトに重心をかけてしまうと動き出しが遅くなるため、常に拇指球に重心をかけて構える。

指導者のポイント

悪い構えに
なっていないか注意

構えたときにカカト重心になっている、逆に前に突っ込んでいるなど、悪い構えになっていないかどうかをしっかり見ておく。また、ケガ防止のためにも、右手を背中に置いて親指を隠しておくといい。

ここに注意！

» こんな構えはNG!

カカト重心

カカトに重心があり、後ろ体重になっている。これではスムーズに動くことができない。

ミットが離れる

ミットを構える位置が体から離れているのでグラブワークに支障が出る。

右手が外に出る

右手が体の横でブラブラしている。ファウルなどで打球が当たるとケガの恐れがあるので必ず右手は隠すこと。

足の幅が狭い

構えている両足の幅が極端に狭い。的が小さくなると投手は投げづらい。

足を広げすぎ

両足を広げすぎているため、高めのボールに対応できない。ただし、低めのボールを要求するときは有効。

捕手の構え

安定した
キャッチングを覚える

Menu **002** パントマイム

難易度 ★★★☆☆
時間 5〜10分

得られる効果
▶ キャッチング
▶ スローイング

▼やり方

1. 面、防具を身につけ構えに入る
2. 目の前に壁があると想定し、左手でパントマイムを行う

◀どのコースでも手のひらが壁に対して直角になるようにする

 重要ポイント！

手のひらはボールに対して
しっかり向ける

良い捕手の条件のひとつにボールがミットに入ったときに、「バチーン！」と良い音を鳴らせることがある。良い音を鳴らすためにはボールに対してミットが正対した状態を作る。パントマイムで捕球位置を覚えると同時に、手のひらをボールに対してしっかり向けることも心がけたい。

実戦に生かす

1 パントマイムで壁を作る
仮想の壁を作ることで、ミットと捕球位置の距離感を覚える。

2 手のひらは壁と直角に
ボールを正しい角度で捕球するため、手のひらは壁と直角にする。同時に、直角にすることでボールがミットに当たる際に良い音が出るようになる。

 なぜ必要？

体とミットとの距離感を覚える

投手の投げたボールをしっかりと捕球するためには、まず正しい捕球位置を覚えなければならない。その一環として目の前に壁があると想定し、その壁に沿うように捕球する左手でパントマイムを行う。このようにすることで体とミットとの距離感をつかみ、捕球する場所を覚えていく。

 選手のポイント

左手で壁を作る

パントマイムを行う際には、左手で一枚の壁を作るようなイメージを持って取り組む。どのコースに対しても壁の平面を破ることなく、手のひらを壁に対して直角になるように手を動かす。直角になることでボールに対する正しいキャッチングへとつながっていく。

指導者のポイント

正しい捕球位置をチェックする

このときに見ておきたいのは、パントマイムで壁がしっかりと形成されているかどうか。もし壁を突き破ったり、壁に届かないパントマイムを行っていた場合は捕球位置が安定していないことにつながる。また、手のひらが壁に対し直角になっていることもチェックする必要がある。

▶どのコースでも手のひらが壁に対して直角になるようにする

捕手の構え

正しい構えになっているか
チェックする

ねらい

Menu 003 構えからダッシュ

難易度	★★★☆☆
時間	5〜10分

得られる効果
- ▶ キャッチング
- ▶ スローイング
- ▶ フットワーク

▼やり方
1. 面、防具、ミットをつける
2. キャッチャーボックスに入り、構えに入る
3. 構えの体勢から前方へダッシュする

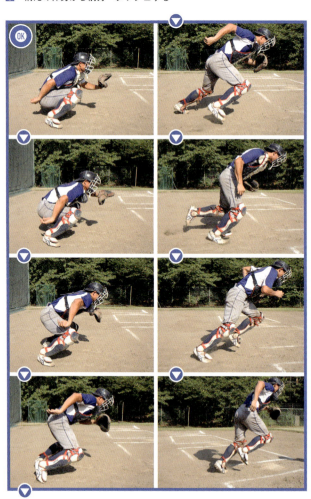

👆 重要ポイント！

頭の位置は一定に

ダッシュのときには体を上下させず、頭の位置を一定に保ちながら走る。上下させて走ってしまうと、頭が動いてしまい視界がぶれてしまう。

❗ 選手のポイント

実戦を意識したダッシュを

ただ漠然とダッシュをするのではなく、試合を意識して走ることを心がける。例を挙げればカバーリングやバント処理など、捕手が試合で実際にダッシュをするケースを思い描く。

実戦に生かす

1 防具をつけて走る

試合ではカバーリングで走る場面が何度も出てくる。練習中から防具をつけて走ることに慣れておきたい。

2 バント処理の素早い動きを作る

構えから前方にダッシュする動きは、まさにバント処理での動きと一緒だ。バント処理の素早い動きを養うためにも、何度もこの動作を繰り返そう。

正しい構えになっているか確認する

P10-11で触れた正しい構えがしっかりできているかどうかを、構えた体勢からダッシュをして確認することができる。もし拇指球に重心がかかっていれば、スムーズにダッシュへと移行できる。逆にカカト重心になっている場合、一度体が起き上がってしまうためスタートダッシュが遅れてしまう。

 指導者のポイント

カカト重心になっていないか見る

まずは構えの段階で正しい構えになっているのか確認する。そしてスタートダッシュのときに体が起き上がるなど遅れる動作がある場合、悪い構えになっているので何が原因かをチェックしておく。

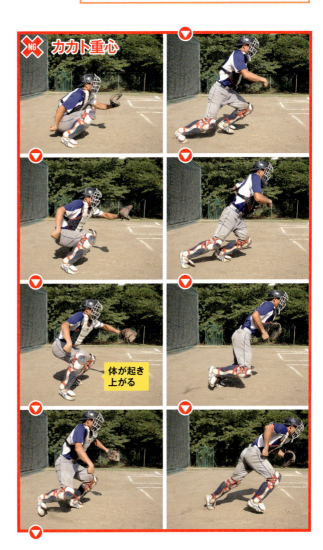

NG カカト重心

体が起き上がる

捕手の構え

捕手に必要な基本動作を反復する

ねらい

Menu **004** アヒル歩き

難易度	★★★
時間	10〜15分

得られる効果
▶ キャッチング
▶ スローイング
▶ フィジカル

▼ やり方

1. ミットをつけて構えの体勢を作る
2. その状態から腰を上げることなくアヒル歩きを行う。ミットをはめた左手は歩くごとにボールをつかむ動作をする
3. 本塁から左翼ポール、または右翼ポールまで続ける

 重要ポイント！

ミットは下から出す

下半身はもちろん、ミットにも意識を持たなければならない。足を踏み出すと同時にミットを低い位置に置き、足の着地で下から上へミットを動かしパシッとボールを捕球する動作を入れる。このとき、ミットが大きく動かないように注意しておきたい。この下から上へのミットの動作が、低めのボールを捕球する際に生きてくるのだ。

Point!
ミットは下から出す

つかむ

実戦に生かす

1 ボールがくることをイメージ

アヒル歩きを行っていても、ボールがくるイメージを持っておく。そうすることで自分の捕球する位置で捕球動作をしたり、捕球後もミットを動かさないといった動きを養うことができる。

2 構えが安定する

低い体勢でアヒル歩きを繰り返すことで、次第に構えが安定していく。構えが安定すると、投手が安心して投球できる信頼感が増してくる。

？ なぜ必要？

捕球動作の反復と下半身強化

アヒル歩きは捕球体勢のまま、腰を落としてずっと歩き続ける厳しいトレーニングだ。下半身が不安定だと構えが捕球する際にぶれてしまうため、アヒル歩きで下半身強化を図る。同時にミットを前に出し、歩くタイミングに合わせて捕球動作を繰り返していく。

！ 選手のポイント

苦しい状況でも続ける

捕球体勢のまま歩くうえに、ミットを出して捕球動作を行う。捕手のトレーニングの中でもキツい部類に入るだろう。そんな苦しい状況でも最後までやり通すことで体力強化はもちろん、精神力強化にもつながっていく。

📢 指導者のポイント

体が上下に動いていないか確認

アヒル歩きはだんだん疲れていくと、歩くときの体の上下動が大きくなっていく。なるべく一定の高さでアヒル歩きを行えるように見ておきたい。

Point!
体は上下しない

つかむ

捕手の構え

フットワークを強化する

Menu **005** 2カ所ペッパー

難易度 ★★★
時間 10～15分

得られる効果
▶ スローイング
▶ フットワーク
▶ フィジカル

▼やり方

1. 防具をつけてパートナー2人の前に素手で立つ
2. パートナーが転がすボールを中腰の体勢で横に動き両手で捕る
3. 捕ったらパートナーにボールを返し、片方のパートナーが転がしたボールをサイドステップで追いかける。これを繰り返す

❗選手のポイント

ボールを捕ったらすぐ反対側へ

この練習の目的は素早く動けるフットワークの強化。ボールを捕るまでの動きを素早くするのはもちろんだが、ボールを捕球した後にすぐ反対側へ動けるように意識しておきたい。

俊敏なフットワークを養う

左右に振られたボールを追いかけ、捕球することで下半身のフットワークを強化していく。また、中腰の姿勢で動くことで負荷が高まり、よりきついトレーニングとなっていく。

シーズン中も行う

冬場などオフシーズンに行うのも良いが、シーズン中にも行うことで体の動きやキレが良くなっていく。回数の目安としては20回×3セットが基本だ。

 指導者のポイント

しっかりと左右にボールを振る

このトレーニングのポイントとなるのは捕手が左右に動くこと。よりきつい状況を作り出すためにもボールを左右に振って、より動く範囲を広めたい。

捕手の構え

サインを出す際の構えを作る

ねらい

Menu **006** サインと構え

難易度 ★★★
時間 随時
得られる効果
▶ チームワーク

▼ やり方

1. キャッチャーボックスで構える
2. 右手でサインを出す動きを行う
3. 指導者は一塁コーチズボックスや三塁コーチズボックスに立ち、サインが見えていないかどうかを確認する

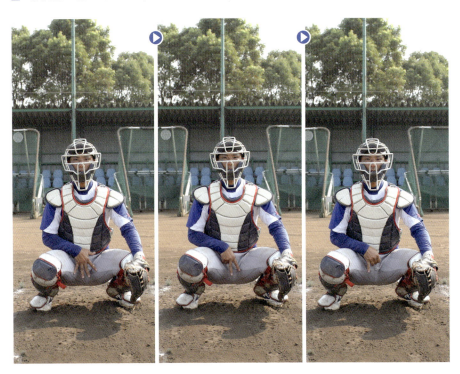

⚠ 選手のポイント

サインを隠す構えを

特に一塁コーチャー、三塁コーチャーにサインを覗かれることに注意したい。その対策としては一塁コーチャーには右ヒザで、三塁コーチャーにはミットで死角を作る。また、あまりに低い位置でサインを出すと指の動きが見えてしまうため、サインを出す高さにも気をつける。

 なぜ必要?

サインが見られないように構える

サインを出すことは試合を進めていくうえで投手との大きなコミュニケーションとなる。しかし悪い構えになっているために、相手にサインが丸見えになってしまっては元も子もない。特に一塁コーチャー、三塁コーチャーに見られないよう警戒してサインを出さなければならないのだ。

 指導者のポイント

サインが見えていないか確認する

指導者は一塁コーチズボックス、三塁コーチズボックスに立ち、サインが見えていないかどうかをチェックする。もし見えているならばその都度捕手に伝え、サインが見えない構えになるよう修正していく。

 ワンポイントアドバイス

ジェスチャーも効果的に使う

捕手はサインだけではなく、体全体を使ったジェスチャーで投手に伝える方法もある。たとえば、投手がコントロールに苦しんでいるときには両手を大きく広げて「楽に投げろ」「思い切り投げろ」と投手にアピールする。低めのボールを要求したりフォームの修正を指示したりもする。

COLUMN 1

時間を効率よく使い、捕手練習に取り組もう

　高校野球の練習を見ていると、捕手が技術練習に割く時間が少ないのではないかと私は感じます。

　例としてシートノックを挙げましょう。シートノックで捕手がボールを受けるのはバックホームの捕球、各塁送球、バント処理などがあります。その他は指示を出していて、ボールと直接関わることはありません。私はその時間に捕手練習をするべきだと考えます。

　捕手が3人シートノックで入る場合、1人は本塁で指示を出し、残った2人で捕手練習に取り組めるはずです。もし可能なら本塁で指示を出す役を交代で行い、ローテーションを組んで練習することも考えられるでしょう。

　高校野球は実質2年半と非常に短い期間です。まして練習時間が限られている野球部ならば、効率よく練習する必要があります。たとえばその県で中位に位置する野球部の捕手が、強豪校の捕手に少しでも近づくためには、無駄な時間を作らないように捕手練習に励まなくてはなりません。

　シートノックに限らず打撃練習の合間だったり、投球練習の合間でも良いでしょう。少しでも時間を見つけて捕手練習ができるはずです。

　同時に「練習のための練習」ではなく、「試合に直結した練習」をしていく必要があります。常に「この練習はこの動きのために行っているんだ」という意識を持ち、結果ではなくプロセスを重視して練習に取り組みましょう。

　「捕手に与えられた練習時間は少ない」。このことを念頭に置いて、さらなる捕手の技術向上に励んでください。

第2章
捕球を覚える

捕手にとって捕球は何よりも大事。
どんなコースも変化球も捕球できるように練習しよう。

捕球を覚える

コースごとの正しいキャッチングを身につける

難易度 ★★★
時間 10〜15分

得られる効果
▶ キャッチング
▶ スローイング

Menu 007 コースごとのミットの出し方

▼ やり方

1. キャッチャーボックスで構える
2. くるボールに対して捕球していく
3. 真ん中だけではなく、ストライクゾーン9カ所のコースにくるボールを捕球する

! ポイント　コースによって人さし指の向きが変わる

基本的に捕球するとき、ミットをはめた左手の人さし指は上を向いている状態となる。右バッターの内角はこの状態で捕球できるが、遠くなる外角は人さし指が時計の針の2時を指した角度で捕球する。また、外角を捕球するときは左肩が入ってしまうため、審判からはストライクでもボールと判定されてしまう場合がある。外角のボールに対してはできるだけ肩を動かさず、引きつけてボールを捕れるよう心がけたい

Point! ワキを開けない

 なぜ必要?

捕球動作は捕手にとって一番の基本

投手が投げたボールを捕球することは、捕手にとって一番の基本動作だ。捕球動作を軽視して盗塁阻止や配球などに意識が向いてしまっては、良い捕手にはなりえない。捕球する際にはP12-13で書いたように一枚の壁を想定し、その壁を破らないようボールを手元に引きつけて捕球する。もちろん、ボールとミットの面を90度の角度に保つことも忘れてはいけない。

 ワンポイントアドバイス

右投手、左投手によって捕球する角度は変わってくる

一枚の壁があるように捕球するのは基本であるが、右投手と左投手の違いによって捕球する角度が変わってくる。特に左投手が右打者の内角に投じるクロスファイヤーの場合、通常の直球よりも角度がついているため少し体とミットを傾けて捕球する必要があるのだ。

Point!
肩を動かさない

Point!
人さし指が下

捕球を覚える

正しい角度で捕球する感覚を養う

ねらい

難易度 ★★★★
時間 10〜15分

得られる効果 ▶ キャッチング

Menu **008** コース捕球

▼やり方

1. パートナーが捕手に向かってボールを投げる
2. 捕手はボールをキャッチせず、正しい角度でボールを当て下に落とす
3. 一つのコースだけでなく、さまざまなコースでも行う

❗ポイント

パントマイムのイメージを忘れない

コース捕球ではP12で触れたパントマイムのイメージが重要になってくる。どのコースでも壁を突き破ることなく、同じ平面になるようボールに対してミットを差し出す

なぜ必要？

ボールを面で
とらえるイメージを養う

良い捕球をするためには何度も述べているように、ボールに対してミットが90度でとらえなければならない。そのイメージを作るためにボールを捕球せず、面でしっかりとらえて下に落とす練習を行う。

Level UP!

同一コース、同一球種の
捕球を徹底して行う

捕球のレベルアップのためには、同じコース、同じ球種を何度も繰り返し捕球し続けることが大事になってくる。そうすることで体とミットとの距離やボールとの角度を体に覚えさせるのだ。

捕球を覚える

低めのボールをしっかり捕球できるようにする

難易度 ★★★
時間 5〜10分
得られる効果 ▶ キャッチング

Menu **009** 低め捕球

▼やり方

1. 捕球する位置の地面にボールを置く
2. ミットで上からつまむようにボールを捕球する
3. ミットでつまんだら上に引き上げる

！ポイント　地面に置いたボールをつまむイメージで捕球

低めのボールを捕球する感覚を養うための練習として、まず捕球する位置の地面にボールを置く。そのボールをミットでつまみ、下から上へとミットを引き上げる

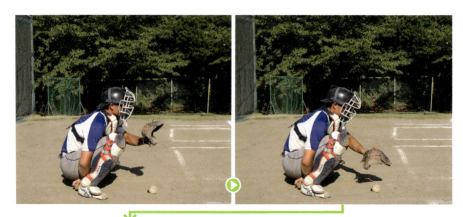

Point!
つまみ上げる

 **なぜ必要?**

直球、変化球ともに良いボールは低めに集まる

現代の投手は直球、変化球ともに低めにボールを集めて打者を打ち取るのが必須条件となっている。もし捕手が低めのボールをうまく捕球できなければ本来ストライクとなるはずが、ボールと判定されてしまう。低めの捕球が上手であれば投手の良さをうまく引き出し、投手を助けることにもなるのだ。

 **ここに注意!**

自分からボールを捕球しにいかない

低めのボール、特に変化球は思わず腕を伸ばして前で捕球しようとする傾向が強い。同時に体も前に突っ込んでしまい、不安定な捕球体勢となってしまう。そんなときでも腕や体が前に行かないよう、ボールを引きつけて捕球することを心がけよう。

腕を伸ばして捕球

ボールは待っていてもくるので自ら腕を伸ばし捕球に行くのはNG。ミットが落ちてストライクをボールと判定されてしまう恐れがある

体が突っ込む

体全体が前に突っ込んだ状態での捕球もNG。姿勢が悪く次の動作に移れない

引きつけて捕球

ボールをしっかり手元まで引きつけて捕球すること

捕球を覚える

投手のボールをしっかり止める捕球技術を養う

Menu **010** 動かさない捕球

| 難易度 | ★★★★ |
| 時間 | 10〜15分 |

得られる効果
▶ キャッチング
▶ スローイング

▼やり方

1. キャッチャーボックスで投球に対し構える
2. ボールが来たら手元まで引きつけて捕球する
3. 捕球した位置でミットを止め、捕った後も動かさない

⚠ポイント 外から中に向かって捕球する意識を持つ

ミットが動かない捕球を身につけるため、ストライクゾーンの外から中に向かって捕球する意識を持ってほしい。ただ、極端にミットを動かす必要はまったくなく、ボールを捕ったところでしっかりと止めるのがポイントだ

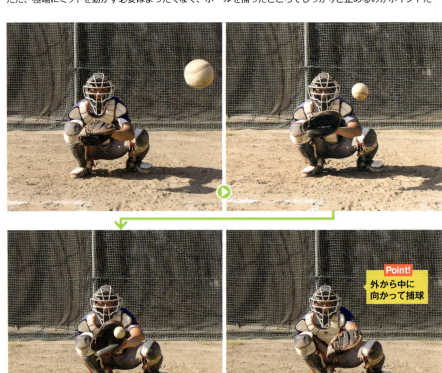

Point!
外から中に
向かって捕球

ミットが動くと判定に大きく影響が出る

ボールの勢いに負けてしまいミットが外へ逃げてしまうと、本来ならストライクなのにボールと判定されてしまう場合がある。それでは投手を不利にさせてしまう。ストライクのボールが来たらその位置でしっかりボールを止め、審判に「ストライク」と言ってもらえるキャッチングを心がけよう。

ボールなのにミットを動かしてストライクにしない

試合を見ていると捕った位置はボールなのにミットをわざとストライクゾーンに動かし、ストライクにしようとする捕手を見かける。この行為は審判をだますプレーとなるため絶対にやらないでほしい。審判からの印象も悪くなり「あの捕手は卑怯なプレーをする」と目をつけられてしまう。あくまで捕手は来たボールに対してしっかり止めることが正しいキャッチングとなるのだ。

Point! ミットは動かさない

捕球を覚える	難易度 ★★★★

ボールの軌道を予測し先回りして捕球する

Menu 011 変化球の捕球

時間　随時

得られる効果　▶ キャッチング

▼ やり方

1. キャッチャーボックスで投球に対し構える
2. 変化球の軌道、コースを見て予測する
3. 先回りしてミットを構え、引きつけて捕球する

ポイント　先回りをしてボールに備える

変化球をしっかり捕球するポイントは、ボールの軌道を予測し先回りしておくこと。ボールの変化と一緒にミットが動いてしまっては、しっかり捕れずボールをはじいてしまう危険性が高い。もちろん、手元まで引きつけて捕球することも忘れてはならない

しっかり引きつけて捕球

ボールをしっかり見て手元まで引きつけて捕球できていればOK

変化球の捕球は現代の捕手の必須条件

近年は高校生でも多彩な変化球を操る投手が多い。高校野球では直球と変化球のコンビネーションは必須となり、捕手も変化球を確実に捕球する技術が求められている。直球だけでなく変化球もしっかり捕球できることで、投手からの信頼感も高まっていくのだ。

ミットがボールを追いかける　変化球の軌道を追うように一緒にミットが動いて捕球するのはNG

Level UP!
投手が投げる変化球の軌道を把握しておく

より確実な変化球の捕球を目指すためには、バッテリーを組む投手が投げる変化球の軌道を覚えておかなければならない。そのためにもブルペンでの投球練習で変化球を何度も受けて体に覚えさせる。慣れてきたら実戦を想定し、直球と変化球を織り混ぜるのも良いだろう。

COLUMN 2

捕手経験のない指導者は、どのように捕手を指導すべきか

　高校野球では好捕手を多く輩出する野球部を見ていると、指導者が現役時代に捕手だったケースが多々あります。自らの経験があるため、技術や考え方をそのまま教えることができるのでしょう。

　では、捕手経験がない指導者は、捕手をどのように指導したら良いのでしょうか。たとえば3年生が引退して新チームになったとき、捕手がいないため肩の強さなどを見込まれて他のポジションから捕手にコンバートされる話をよく聞きます。そうなるとゼロから捕手の指導をしていかなければなりません。

　第2章でも書きましたが、まず捕手に求められる能力は捕球の技術です。投手のボールをしっかり捕球できなければ、何も始まりません。基本の構えから始まり捕球する位置や、ボールとミットとの距離感を覚えていきます。投手が安心して投げられるように、捕手の大事な土台作りを徹底して繰り返します。

　しっかりと捕球ができるようになれば、次のステップとして盗塁を阻止する二塁送球など各塁の送球。そして捕球、送球と来て、次はインサイドワーク、配球です。その捕手の捕球技術や送球の正確さ、投手の持ち球や状態を考えて配球を考えていきましょう。順番としては捕球→送球→配球と段階を踏んで指導していきます。

　捕手経験がないだけに、指導者によっては「まずは配球を覚えさせよう」「盗塁を刺さなくては」といろいろと手を出してしまいがちですが、それは間違った考えです。何度も言いますが、捕手にとって根幹となるのは捕球なのです。

第3章
ボディーストップ

ボールを後ろにそらさないこと。
これも捕手にとっては大切な技術だ。
低めのボールもしっかりストップできるように、
ボディーストップをマスターしよう。

ボディーストップ

ボディーストップの基本を知ろう

近年の野球はフォークボールやチェンジアップなど落ちる変化球がウイニングショットとして使われることが多い。そのため、ワンバウンドしたボールを止める技術が捕手に求められている。
もしランナーがいる場面でボディーストップがうまくできなければ、相手の進塁を許し失点のリスクがより高くなってしまう。高校生はまずボールをしっかり止めることを第一に考え、練習に取り組んでほしい。

ボディーストップの基本の形

前から

横から

ポイント

まずは確実に止める

ワンバウンドのボールをミットで捕球しようとすると、またの下をボールが抜ける危険性が伴う。ワンバウンドが来たら、まずは確実に体でボールを止めることを意識する

⚠️ ポイント
逆三角形を作る

ボールを止めるときには、両腕で逆三角形を形成するようにする。ワンバウンドしたボールをこの逆三角形の中に入れるように止める

⚠️ ポイント
背中をアーチ状にして丸める

背中でアーチを作るように体を丸め、ボールを前で止めやすい体勢を作る。もし体が丸まらず真っすぐになってしまっては、ボールを前へ大きくはじいてしまう

ボディーストップの悪い例

背中が伸びきる
体が丸まらず、背中が伸びきってしまうとボールの勢いを吸収することができない

体が突っ込む
体が前に突っ込みすぎてボディーストップの姿勢が崩れている

👉 ワンポイントアドバイス
力を抜いて体を曲げる

ボディーストップで恐怖心から体が硬くなってしまっては、ボールを見失い、体に当たっても大きくはじいてしまう。「フッ」と息を吐くように力を抜いて体を曲げるのがポイントだ。

ボディーストップ

ボディーストップの基本姿勢を身につける

Menu **012** 基本の形で止める

難易度 ★★★★
時間 10〜15分
得られる効果 ▶ キャッチング

▼やり方

捕手はキャッチャーボックスで構えに入り、パートナーは約5メートルから6メートル離れた位置に立つ。パートナーはその位置から緩いワンバウンドのボールを投げ、捕手はそのボールに対しボディーストップの体勢を素早く作り、ボールを止める

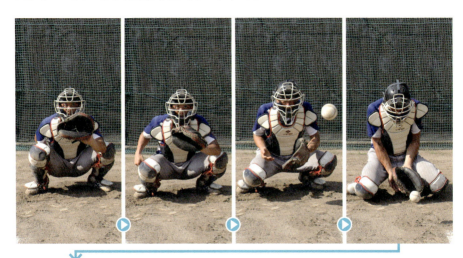

Point! 逆三角形を作る

Point! 体を前傾して勢いを吸収

 **なぜ必要?**

ワンバウンドのボールを処理する練習

ボディーストップの動作を身につけるべく、実際にボールを投げてもらいワンバウンドを止める動作を繰り返す。毎日練習するならば、1日20本を目安に取り組もう。

 ワンポイントアドバイス

ボールはあくまで硬式ボールを使う

「恐怖心を和らげるためならば、軟式テニスボールなど柔らかいボールを使ったほうがいいのではないか」という意見もあるだろう。しかし、柔らかいボールと実際に使う硬式ボールは跳ね方が大きく違う。「練習のための練習」にならないよう、常に試合を意識するならば硬式ボールを使って練習することをすすめたい。

！ポイント 緩いボールを投げてもらい、正しい形を習得する

最初から速いボールで練習してしまうと恐怖心が生まれてきて、ボールに対して体がどうしても硬くなってしまう。まずは緩いボールを投げてもらい柔らかくボールを止める、正しい形を覚えることを優先したい。このとき、ボールが体に当たるまでしっかりとボールを見ることも大事だ

ボディーストップ

大きく外れたボールに対して素早く反応する

ねらい

難易度 ★★★
時間 10〜15分

▶キャッチング

得られる効果

Menu **013** 左右のボールを止める

▼やり方

Menu012同様、捕手はキャッチャーボックスで構えに入り、パートナーは約5メートルから6メートル離れた位置に立つ。パートナーは最初は右、次は左と左右に振ってボールを投げる。捕手は投げられたボールに対して素早く左右に動き、ボールを止めていく

❗ ポイント

左右に動いても基本体勢は崩さない

ボールに対して体は左右に動いていくが、横着することなくボディーストップの基本体勢は崩さずに一球一球しっかりボールを止める。素早く動くことも大事であるが、確実なボディーストップを行えるように取り組んでほしい

 **なぜ必要？**

どんなワンバウンドのボールでも対処できるようにする

ワンバウンドのボールは捕手の正面だけにくるわけではない。投手のコントロールミスで大きくボールが外れる可能性は十分ありうる。もし走者がいるときに、反応が遅れてボールを後ろにそらしてしまうと、余計な進塁を許してしまう。左右に振られることで、ボールに対する素早い反応を養っていく。

 **重要ポイント！**

変化球は直球とボールの跳ね方が違う

直球は真っすぐなワンバウンドになるのに対して、変化球の場合は投げられた方向とは反対方向にはずむ。この場合はバウンドの変化に対応できるように、体を寄せず真っすぐにする。直球と変化球でも体の入り方が変わってくるのだ。

ボディーストップ

送球へとつながる動きを身につける

ねらい

難易度 ★★★
時間 10～15分

得られる効果
▶ キャッチング
▶ スローイング

Menu **014** こぼれたボールを拾う

▼やり方

1. パートナーが投げたワンバウンドのボールを、捕手が止める
2. ボールを止めたらそのこぼれたボールを素早く拾い上げ、送球する体勢を作る

⚠ ポイント

送球を意識してボールに入る

しっかりとボールを止めることができても、こぼれたボールへの入り方が悪く走者の進塁を許してしまっては失点のリスクがより高くなってしまう。ボールをはじいたあとに素早く送球体勢に入れるよう、ボールへの入り方にも注意しなければならない

? なぜ必要？

ボールは止めて終わりではない

捕手がワンバウンドを止めたあと、どんなことが予想されるだろうか。ボールがこぼれたのを見て走者が次の塁をねらって走ってくるケースもある。ボールを止める→素早く拾う→送球してアウトにする、という一連の動きを意識して練習を行う。

Level UP!

ホームベース周辺の地面をならしておく

試合が進むにつれて、ワンバウンドのボールが多くなればホームベース周辺の地面は次第に荒れていく。そうなるとバウンドがイレギュラーして変化する可能性が非常に高くなる。「地面が荒れてきたな」と感じたら、試合の合間に地面をならしておきたい。そう対処することでボールをそらすリスクはぐっと低くなる。捕手はそこまで細心の注意を払わなければならないのだ。

ボディーストップ

バックステップの
ボディーストップを覚える

ねらい

Menu **015** 外国人式ストップ

難易度 ★★★★
時間 10〜15分
得られる効果
▶ キャッチング

▼ やり方

1. キャッチャーボックスで構えに入り、カカトを後方に引いてバックステップ
2. そのままボディーストップの形を作る

! ポイント 尻が浮かないように注意

ヒザを前方に出す通常のボディーストップならば、さほど尻が浮くことはない。しかし、外国人式ボディーストップの場合はバックステップのときに尻が浮きやすくなる。ステップした際にボールが体の下を通過する恐れもあるため、その点には注意しておきたい

前から

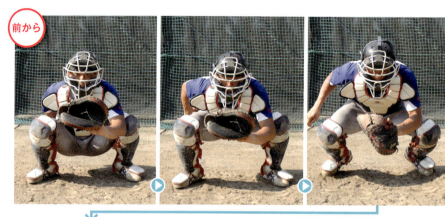

Point!
尻を浮かさない

44

なぜ必要？

足の長い捕手に適したボディーストップ

通常、ボディーストップはヒザを前方に出すやり方だが、足の長い外国人捕手はヒザを後ろに引いたバックステップのボディーストップを行う。近年、日本人の体格が欧米に近づいてきた影響もあり、足の長い日本人の捕手がいるのも珍しくない。足の長い捕手はぜひ身につけておきたいボディーストップだ。

ワンポイントアドバイス

反復練習を繰り返す

通常のボディーストップと異なるやり方のため、最初はなかなかスムーズに動けないかもしれない。そのためにも繰り返し反復練習を行い、確実にボールを止められるように身につけよう。

横から

カカトを後ろに引く / ヒザを早くつく

後ろから

COLUMN 3

国際試合で戦うため、気をつけるべきこと

　私はこれまでジャパン社会人のコーチとして、6回の国際大会に帯同しました。高校時代には日本代表として、国際試合に出場した経験もあります。ここでは国際試合で戦うために、気をつけるべきことをお教えします。

　まず気をつけておきたいのは、その土地の風土や環境に合った体調管理をすることでしょう。生水を飲まない、ジュースに氷を入れない、生野菜に注意するなど水に対する注意が必要です。現地で食事に出るときは、好き嫌いなく食べられることも大事になってきます。海外では試合以前に、いかにベストコンディションを保てるかがポイントです。

　試合の話をすると、各国のスタイルや特性を把握して試合に臨むのが重要です。台湾ならばスライダー打ちがうまい。韓国は直球に強い。中南米の国はタテの変化球に強い…そのような傾向があります。

　実際に対戦して感じたことを挙げると、日本の選手はゴロを捕球する際に体で止めに行きますが、中南米の選手はバックハンドで捕球する。型にはまらない反応を見せるのが特徴です。中南米の選手と言えば、「ここぞ」という場面での集中力も印象深いです。

　日本が国際試合で勝負するためにポイントとなるのは、打者は背の高い投手を想定しておくこと。長身から投げてくる角度のあるボールをいかにとらえられるかでしょう。投手ではコントロールの良さは十分通用しています。そのコントロールを生かしつつ、大きく曲がるカーブを磨き上げるとさらに良くなるでしょう。海外の選手は緩急の変化に弱いことが多いため、カーブを武器とする投手は重用されます。

第4章

スローイング

スローイングで大事なのは肩の強さだけではない。
捕球、ステップ、握りかえなど、練習を繰り返して
スローイング技術を身につけよう。

スローイング

捕球からステップまでの動きを覚える

ねらい

Menu **016** 捕球からステップ

難易度 ★★★★☆
時間 10〜15分

得られる効果
- ▶ キャッチング
- ▶ スローイング

▼ やり方

1. 捕球する構えに入り、投手がボールを投げる
2. ボールを捕球したら素早く足をステップしてボールを右手に握りかえ、送球する体勢を作る

🥎 ポイント　まずは捕球第一

「早く送球したい」と気持ちが焦るあまり、捕球する前に体がステップしたり半身になってしまう場合がある。そうなるとしっかりと捕球できず、ボールをこぼしてミスする可能性が高い。まずは捕球することを第一に考え、うまくステップへと移行したい

送球するうえで大事な動作

盗塁阻止のための二塁、三塁への送球、各塁のけん制球など捕手は捕球体勢から送球するケースが多い。そのときに大事になってくるのは捕球からステップまでを素早くできるかどうか。足の運びはもちろん、ボールの握りかえも大きなポイントとなる。

送球ミスの大半はボールの握りかえ

送球ミスの原因を見てみると、ボールの握りかえでうまくいかないことが多い。その要因としては捕球位置が悪い、あわててしまう、ボールをしっかり握っていないなどが挙げられる。ボールの握りかえをしっかり行うのはもちろんだが、体の切り返しやフットワークを磨くことで送球までの時間を短縮することができる。

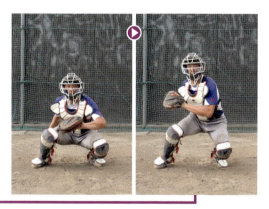

捕球する前に動く

送球を焦るあまり捕球する前に体が動くのはNG。ボールは待っていてもくるので自分からつかみにいく必要はない

スローイング	難易度 ★★★★☆
	時間 10〜15分

試合と同じ状況で送球練習する

ねらい

Menu 017　打者を立たせての送球

得られる効果
▶ キャッチング
▶ スローイング

▼ やり方

1. バッターボックスに打者を立たせ、捕球する構えに入る
2. 投手の投げたボールを捕球したら、打者の立ち位置に注意しながらステップし送球する

右打者

🏀 ポイント　打者の左右によってステップが変わる

走者の塁状況や、右打者か左打者かで送球するときのステップは大きく違ってくる。左打者のときの二塁送球や一塁けん制、右打者のときの三塁送球の場合、各打者が送球するコースと重なってしまう。そのため状況に応じて左右にステップして投げる必要がある

? なぜ必要？

実戦を意識した練習

試合では打者がバッターボックスに入るため、打者の左右によって送球の仕方が変わってくる。練習の段階から打者がバッターボックスに立ち、試合を意識した送球練習を行う。

ワンポイントアドバイス

一塁走者を視野に入れて捕球する

特に左打者が打席に立った場合、盗塁を仕掛けてくるであろう一塁走者の動きが見えにくくなる。このときには一塁走者の動きを視野に入れながらボールを捕球しなければならない。

左打者

スローイング

二塁盗塁阻止の確率を高める

ねらい

Menu **018** 二塁送球

難易度 ★★★★☆
時間 10～15分

得られる効果
▶ キャッチング
▶ スローイング

▼やり方

1. 捕球する構えを作り、投手の投げるボールを待つ
2. ボールが来たら捕球してステップし、二塁ベースカバーに入る野手に向かって投げる

 ### ワンポイントアドバイス

少し落ち気味のボールを投げる

捕手の二塁送球の場合、投手のような一直線のボールは必要ない。二塁ベースカバーに入る野手が滑り込む走者にタッチしやすいように、少し落ち気味のボールを投げるのが理想だ。また、肩の弱い捕手の場合、力いっぱい投げるよりも本塁と二塁を結んだ一直線のラインを意識してワンバウンドのボールを投げると良い。

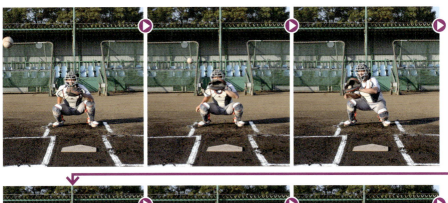
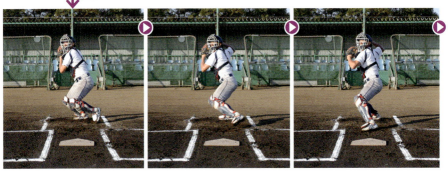

盗塁阻止は捕手の大きな仕事

捕手にとって大きな見せ場の一つが二塁への盗塁阻止だろう。もし盗塁されてしまうと、相手に得点のチャンスを与えてしまう。逆に盗塁を阻止できれば、相手の攻撃の芽をつみ取ることができる。また、盗塁阻止の確率が高ければ「あの捕手から盗塁するのは難しい」と相手に大きなプレッシャーを与えられるのだ。

早さよりも、まずは正確さ

最近は二塁送球をストップウォッチで計測し、どれだけ素早く投げられるかに意識を置くケースが多い。しかし、早さだけを求めてしまうと、一つひとつのプレーがおろそかになり横着した送球になってしまう。早さも大事だが、まずは正確な送球を行うことを心がけたい。

ポイント　投球の延長線上に体を入れる

投手が投げたボールの勢いも利用して送球するため、投手の投じたボールの進路を妨げないように体を入れて握りかえ→送球とつなげる。投球の延長線上から近い位置でボールを握りかえることで、スムーズな送球動作になっていく

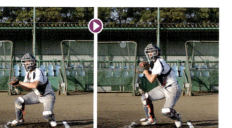

送球の際に体が前に突っ込んだり、あるいは重心が後ろにかかりすぎたりしていると、目線がブレるので送球が安定しない

体が前に突っ込む

重心が後ろにかかる

スローイング

送球の際の足の運びを意識する

Menu **019** フットワーク

難易度 ★★★☆☆
時間 10〜15分

得られる効果
▶ キャッチング
▶ スローイング
▶ フットワーク

▼ やり方

1. 捕球する構えに入り、投手のボールを受ける
2. ボールを捕球したら足の動きを意識しながら素早くステップし送球する

Point! 右足を左足の位置へ

● ポイント 右足は左足の位置に移動する

ステップする際には右足が軸足となる。打者の左右によって多少変わってくるが、基本的にはステップする際、左足は左足のあった場所にくるようにする。前に踏み出した左足のつま先は、投げる方向に向ける

良いフットワークは、良い送球を生み出す

各塁へ良い送球をするためには、捕球後のフットワークも大きなポイントとなる。無駄のない足の運び方で、捕球から送球までの動きを作っていく。

Level UP!

ボディーストップの動きも入れる

送球練習のときには通常のボールだけではなく、ワンバウンドを投げてもらいボディーストップ→こぼれたボールを拾う→送球という一連の動作も行う。ボールを素早く拾いに行く動きも、フットワークの一環とも言えるのだ。

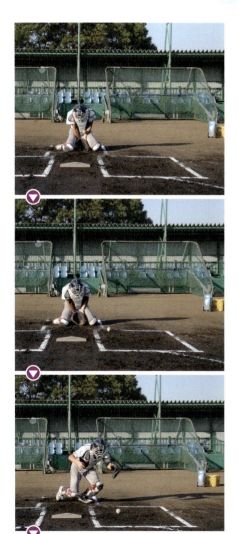

▲ボディーストップからの送球もやっておこう

| スローイング | 難易度 ★★★☆☆ |
| | 時間 10〜15分 |

走者にプレッシャーをかける
けん制を身につける

ねらい

Menu **020** 一塁けん制

得られる効果
▶ キャッチング
▶ スローイング

▼ やり方

1. 捕球する構えに入り、投手のボールを捕球する
2. 捕球したら体を素早く切り返して一塁方向を向き、そのまま一塁へ送球する

[斜めから]

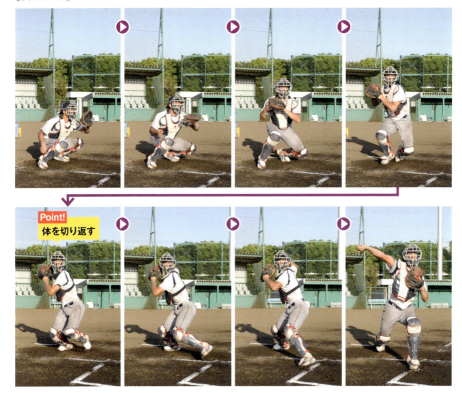

Point! 体を切り返す

🥎 ポイント　素早く体を一塁方向へ切り返す

二塁送球とは異なり、一塁けん制は体を大きく回転する必要がある。そのためにも素早く体を切り返し、一塁方向へ向けなければならない。送球だけではなく、体を切り返すステップ練習を行っておこう

一塁走者に
プレッシャーをかける

一塁けん制は盗塁を仕掛けてくる一塁走者に対し、プレッシャーをかける意味で行う。また、一、二塁 or 満塁での一塁走者へのけん制は有効だ。一塁走者のリードが大きかった場合、素早く投げてアウトに仕留めることもできる。

左打者のときは気をつける

右打者のときは問題ないが、左打者のときはちょうど送球方向に位置するため、一塁へ投げる際には左右にステップするなどの工夫が必要だ。また、Menu017 の「打者を立たせて送球」でも書いたが、左打者のときの一塁走者の動きにも注意しておきたい。

[正面から]

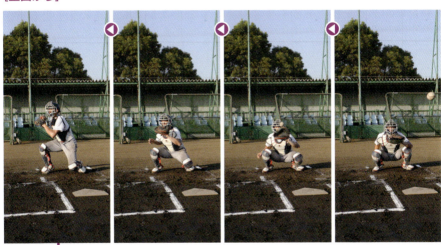

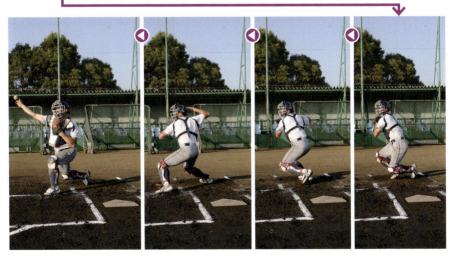

スローイング	難易度 ★★★☆☆
	時間 10〜15分

盗塁を阻止できる送球を身につける

Menu **021** 三塁送球

得られる効果
▶ キャッチング
▶ スローイング
▶ フットワーク
▶ フィジカル
▶ チームワーク

▼ やり方

1. 捕球体勢を作り、投手がボールを投げる
2. 捕球したら体を三塁方向へステップし送球する

[斜めから]

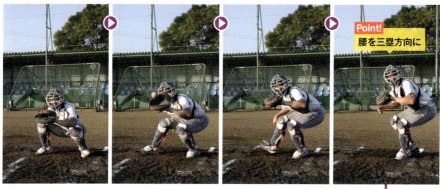

Point! 腰を三塁方向に

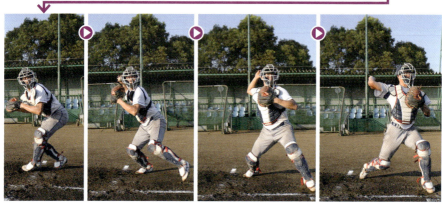

● ポイント　腰を早く三塁方向へ動かす

三塁送球は一塁けん制や二塁送球と違い、逆方向への動きとなる。そのため、送球へとスムーズに動けるように腰を早く三塁方向へ動かす意識を持つ。ただ注意したいのは、あまりにも早く腰を動かしてしまうと、確実な捕球ができなくなってしまう。まずは捕球を第一にしておきたい

三塁への盗塁を防ぐ

三塁への盗塁は本塁からの距離が二塁よりも短いため、二塁への盗塁よりも成功率は低く、攻撃側が試みることは少ない。しかし、三塁への盗塁が決まってしまうと、守備側には大きなダメージとなり失点の確率が高くなってしまう。確実に盗塁阻止できるようにしておこう。

右打者の場合は臨機応変に

一塁けん制とは逆に、三塁送球では右打者が送球方向に立っているため気をつけておく。捕球したら臨機応変にステップし、三塁へと送球する。

[正面から]

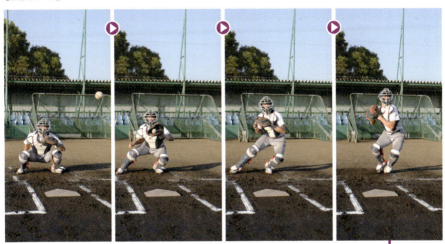

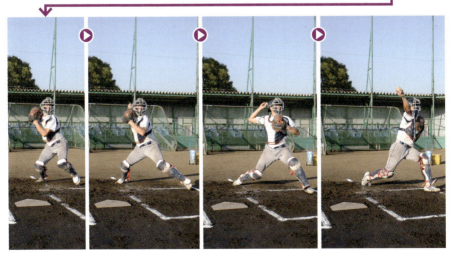

スローイング

送球のための
ステップワークを養う

ねらい

Menu **022** ドリル「山」

難易度	★★★☆☆
時間	15〜20分

得られる効果
▶ キャッチング
▶ スローイング
▶ フットワーク
▶ フィジカル
▶ チームワーク

▼やり方

1. ネットから約2、3メートルくらい離れた位置に白線で「山」の文字を書く。パートナーはネットの前でボールの入ったカゴに座り、捕手は3本の線が集まった位置に捕球の構えを取る
2. パートナーが捕手に向かって下からボールを投げる。捕手は捕球したらステップしそのままネットめがけて投げる。投げたら再び捕球の構えに入る
3. 今度はパートナーが捕手の左側に投げる。捕手は捕球したらステップし左側の線に沿ってネットに送球。投げたら中央に戻り、再び捕球の構えに
4. パートナーが捕手の右側に投げる。捕手は捕球したらステップし右側の線に沿ってネットに送球。投げたら中央に戻り捕球の構えに入る。2に戻って繰り返す

[横から]

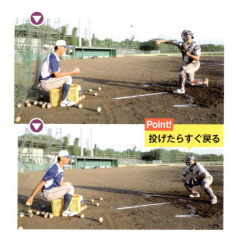

Point! 投げたらすぐ戻る

● ポイント　すぐ中央へ戻る

送球やステップに気をつけるのはもちろんだが、左右に動いたらすぐに中央へ戻ることを特に意識しておこう。ゆっくり戻っては横着になってしまい、このトレーニングを行う意義はなくなってしまう。また、ボールを捕球したらミットを胸の前に持っていき、ボールを握りかえることも心がけておく

送球のステップワークを鍛える練習

正面、左、右と3カ所からネットスローを行う。左右に繰り返し動いて、送球するためのステップワークを鍛えるのがねらいだ。この練習を繰り返し行うことで下半身が軽くなり、二塁、三塁送球や一塁けん制の動きが素早くなっていく。正面→左→正面→右で1回とカウントし、10回×2セットを目安にしておきたい。

暑い時期に行うと効果がある

左右に動く下半身を鍛えるトレーニングのため、少々きつい練習に感じるだろう。しかし、この練習をあえて暑い夏の時期に行うことで体にキレが作られる。そうすることで夏場でもしっかり体を動かすことができるのだ。

[後ろから]

COLUMN 4

キャッチャーミットの作り方

　捕手にとって技術向上のために大きく影響を及ぼすのはキャッチャーミットです。特に新品のキャッチャーミットをいかに自分の使いやすい型に作り上げられるかが大きなポイントでしょう。

　まずは同じ位置で何度も捕球を繰り返し、ミットの芯を作っていく。ミットの芯をちゃんと作り上げることによって、ボールを握りかえるときのミスを防ぐことになります。

　ただ、ミットはいつも芯で捕球するだけではなく、さまざまな場所で捕球する必要も出てくるでしょう。たとえば、想定していたボールと違った変化をする場合も考えられます。日頃からさまざまな場所で捕球できるように練習しておきましょう。良い場所ではしっかりと「パチン！」と良い音が出ることも大事です。

　最近のミットに触れてみて感じるのは、ミットの型が早く作られることでしょうか。作られるというよりも、むしろすでにでき上がっているという印象です。私が高校時代の頃はメーカーによって差はあるけれど、早くて1週間、通常でも1カ月はかかりました。中には1年かかるミットもありましたが、そのミットは長く使えるミットでした。

　私が皆さんにアドバイスを送るならば、ぜひこだわりを持ってミットの型を作ってほしいなと思います。捕手と一言で言っても、選手一人ひとりによって技術や感覚、これまでの経験が異なってきます。「これだ」と感じるのは人それぞれにあるでしょう。自分の中で理想のキャッチャーミットを作り上げてください。

第5章

捕手の守備練習

投手のボールを受けるだけが捕手の仕事ではない。
バント処理、送球の捕球やタッチなど、
守備の練習もしっかりやろう。

捕手の守備練習

試合に直結した
キャッチボールを身につける

Menu **023** 捕手のキャッチボール

難易度 ★★★☆☆
時間 随時

得られる効果
▶ キャッチング
▶ スローイング
▶ フットワーク
▶ フィジカル
▶ チームワーク

▼ やり方

2人1組になってキャッチボールを行う。ある程度投げて肩が温まってきたら、それぞれの投げ方でキャッチボールを繰り返していく。慣れてきたらそれぞれの送球を組み合わせて投げてみる

なぜ必要？

あらゆるケースを想定して行う

キャッチボールだからと言って漠然と投げ、漠然と捕球していては「練習のための練習」であって技術上達につなげることはできない。キャッチボールから試合で起こりうるさまざまなケースを想定し、そのケースに則した練習をする必要がある。

ポイント　ボールの勢いでトップを作る

キャッチボールのときから意識しておきたいのは、ボールの勢いをそのまま利用してテイクバックのトップの位置を作ること。捕球するときにボールの力に勝とうとせず、逆に勢いを利用してそのまま右肩付近まで持っていく。このとき、ボールの握りかえを胸付近で行うことも大事だ

★バリエーション1　ボールの縫い目を意識しないキャッチボール

Point! そのまま握る

Point! すぐにテイクバック

🏐 ポイント　ボールをつかんだらそのまま握る

ボールを捕球したらそのままテイクバックの位置まで腕を持っていく。このときにボールをつかんだら縫い目を意識しないで、そのままの状態で送球する。縫い目に指がかからない状態での送球も要求されることがあるので、日頃から練習しておこう

★バリエーション2　アンダー気味のサイドスローで投げる

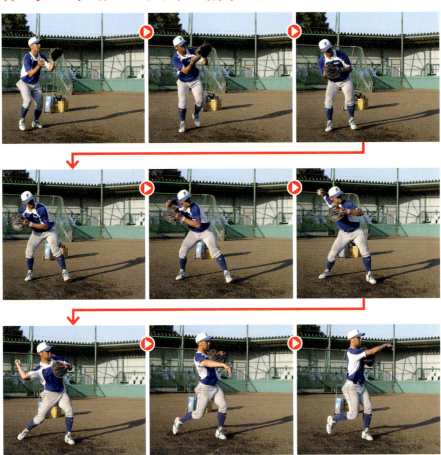

 ポイント

無理な体勢で
投げるときに使う

捕手は基本的に上からボールを送球する。しかし、状況に応じて横から投げたり下から投げたりする場合もあるのだ。例を挙げればランナー三塁のとき、後逸したボールを素手でつかんで振り向きさまに本塁へ投げる。バント処理でアウトにするため無理な体勢から送球する。普通に投げては間に合わない場面で使う

 ワンポイントアドバイス

本塁から二塁までの
距離を体に覚えさせる

捕手の送球でもっとも重要なのは、本塁から二塁への送球だ。この距離をしっかり送球するためには、何度も繰り返し投げて距離感を覚えるのが大きなポイントとなる。ただ、通常のボール回しやシートノックでの送球だけでは十分な練習にはならない。内野が空いている全体練習前などを使い、本塁から二塁のキャッチボールを繰り返すのも効率よい練習となるはずだ。

★バリエーション3　一度ボールを地面に落として、拾い上げて送球

バント処理のイメージで拾い上げる

🔴 ポイント　バント処理などを想定して練習

捕球したらボールを左足の前に落とし、ボールを拾い上げて送球する。バント処理やボディーストップからの送球を想定して練習してみよう

捕手の守備練習

正しい角度で捕球する感覚を養う

ねらい

Menu 024 バント処理（一塁）

難易度	★★★☆☆
時間	10〜15分

得られる効果
- ▶ キャッチング
- ▶ スローイング
- ▶ フットワーク
- ▶ フィジカル
- ▶ チームワーク

▼やり方

1. 捕手はキャッチャーボックスに位置し、指導者が本塁後方からボールを転がす
2. 転がっていくボールに向かって移動し捕球。低い体勢を保ったまま、そのまま一塁へ送球する

 ポイント

ミットと右手ではさみ込む

バント捕球は捕手にとっては基本的に追いかける形になる。そのため通常のゴロ捕球とは違った形となり、ミットと右手でボールをはさみ込むイメージで捕球体勢を作る

左足の前で捕球

捕手の守備で一番多い動き

バント処理の一塁送球は捕手の守備で一番多い動きだ。投手や他の野手も関わってくるため、声を掛け合うなど連係にも気をつけなければならない。油断することなく確実にアウトを取れるように練習しよう。

捕球するのは左足の前で

ボールを追いかけるため、捕球するのは左足の前の位置で行うのが理想的。そうすることで胸の前でボールを握りかえることができ、送球までの動きがスムーズにできるのだ。

ポイント 一塁の位置をしっかり把握しておく

逆回転の送球は一塁に対して背中を向けているため、不安定な送球になる可能性が高い。それを防ぐためにも投げる前から一塁の場所を把握しておく必要がある。練習のときに多く繰り返し、安定した送球ができるよう心がけよう

★バリエーション 逆回転で投げる（一塁）

一塁方向にステップ

ポイント 大きめに体を回転する

体を回転するときにポイントとなるのは、ボールに対して大きめに回転して入ること。大きく回ることで送球までの動きがスムーズになる

ワンポイントアドバイス

三塁線の打球は通常の捕球だと時間がかかる

三塁線の打球に対しては通常の捕球→送球体勢よりも、体を逆回転に動かして捕球したほうが送球しやすい。実際に練習では両方やってみて違いを感じてみよう。

バント処理のときの注意点

NG 捕球する位置が後ろすぎる

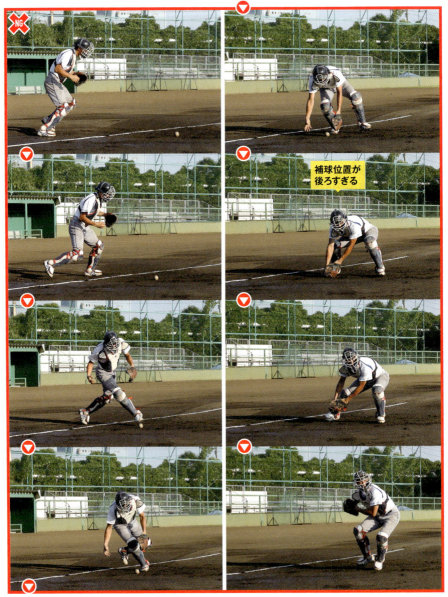

ボールを捕球する位置が後ろになってしまうと、ボールを握りかえる位置も変わってしまう。そうなると送球までスムーズな動きをすることができなくなる

NG 回転が小さい

ボールへ入るときの回転が小さくなってしまうと、回り切れなくなり送球するときに窮屈な体勢になってしまう

捕手の守備練習

一塁走者をアウトにする二塁送球を身につける

ねらい

Menu **025** バント処理(二塁)

難易度 ★★★
時間 10〜15分

得られる効果
▶ スローイング
▶ フットワーク
▶ フィジカル
▶ チームワーク

▼ やり方

1. 一塁送球と同様にキャッチャーボックスで構え、指導者がゴロを転がす
2. 捕手はゴロに対して低い姿勢のまま素早く入り捕球。二塁へ送球する

飛び出した勢いを送球に

相手の攻撃を
つみ取るプレー

走者一塁の場面で相手が送りバントをしてきた場合、二塁でアウトにするとしないとではその後の展開が大きく違ってくる。そういう意味ではバント処理の二塁送球は相手の攻撃をつみ取るプレーと言っても過言ではない。

飛び出した勢いを
ボールに伝える

二塁送球は捕手にとって、そのまま前に出て捕球→送球という流れになる。前に飛び出した勢いを殺すことなく、そのままの流れで二塁送球につなげていきたい

打球の転がり方に注意

バントの打球は、土のグラウンド、人工芝、天然芝などグラウンド状態によって転がり方が異なり、また、普通の回転だけではなく、バックスピンなどさまざまな転がり方をする場合がある。転がり方を意識せずに捕球すると、送球のときに影響が出るので頭に入れておこう。

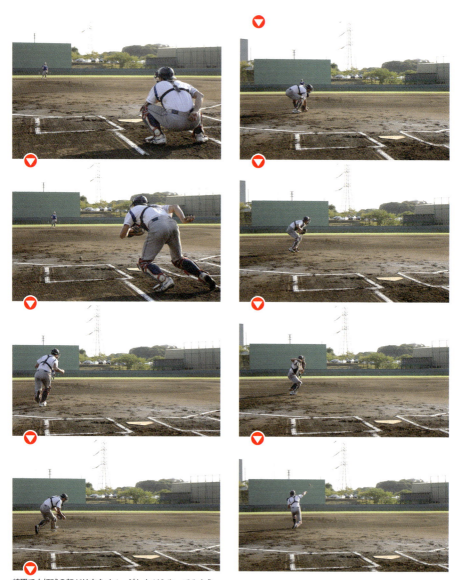

練習でも打球の転がり方をイメージしながらやってみよう

OK 左足の前で捕球

左足の前で捕球しているため、送球までスムーズな動きができる

NG 体の中心で捕球

体の中心で捕球すると送球動作に移るのが遅くなってしまう

NG 右足の前で捕球

捕球する位置が右足の前で、かなり後ろで捕球しているためバランスが悪い

捕手の守備練習

二塁走者をアウトにする三塁送球を身につける

Menu 026 バント処理（三塁）

難易度 ★★★☆☆
時間 10〜15分

得られる効果
- ▶ キャッチング
- ▶ スローイング
- ▶ フットワーク
- ▶ フィジカル
- ▶ チームワーク

▼やり方

1. キャッチャーボックスで構え、指導者がゴロを転がす
2. 捕手は素早く打球を追いかけて捕球。三塁へと送球する

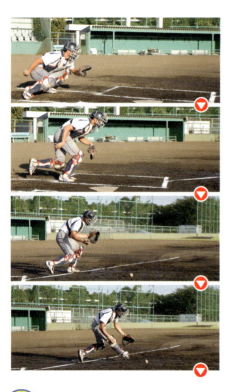

❓ なぜ必要？

走者二塁の場面で進塁を防ぐ

バント処理で三塁へ送球するのは、走者二塁で相手が送りバントを仕掛けてくる場面だ。三塁進塁を許すとピンチが広がってしまうため、打球や二塁走者のスタートを見て「アウトにできそうだ」と感じたら迷うことなく三塁へ投げる。また、間に合わない場合の切り返しの送球（P82）も重要。

NG 立ち上がってしまう

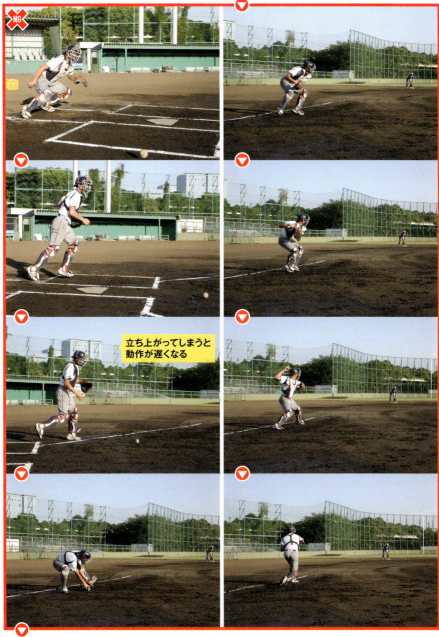

立ち上がってしまうと動作が遅くなる

バント処理の際はスタートダッシュのときから低い体勢で走り、低い体勢でボールに入る。Menu 003「構えからダッシュ」と関連するが、体が起き上がった状態からボールに入ってしまっては、低い体勢で入るよりも動作が遅くなってしまう。わずかな隙でセーフにならないよう注意したい

三塁送球で気をつけたいポイント

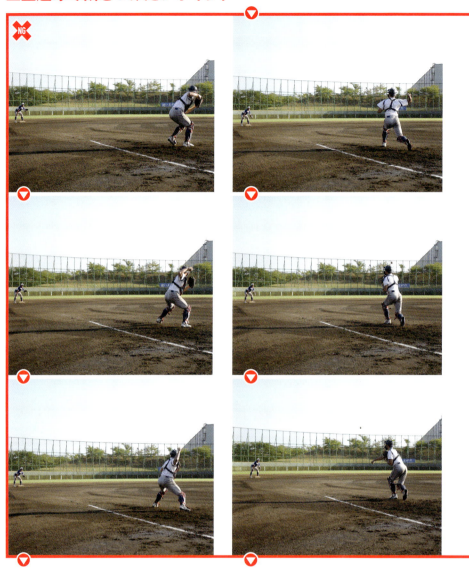

ポイント 体の開きに注意

バント処理の三塁送球の場合、体が開きやすくなって球離れが早くなる。その結果、ボールがシュート回転してしまい、三遊間方向に流れて暴投になる可能性が高い。それを防ぐためにも、送球のときには肩が開かないように注意しなければならない

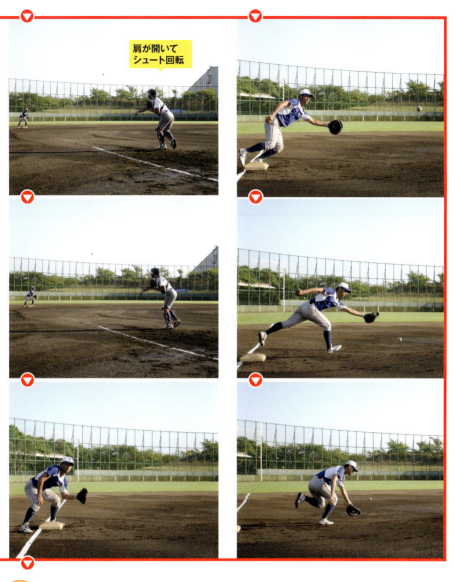

肩が開いて
シュート回転

ワンポイントアドバイス

肩をしっかり入れて投げる

走者や三塁手を早く見ることで体の開きが大きくなり、シュート回転の悪送球が誘発される。目標に対してしっかり肩を入れて送球しよう。

捕手の守備練習

三塁を一度見て一塁へ投げる動きを身につける

Menu **027** バント処理(切り返し)

難易度 ★★★☆☆
時間 10～15分

得られる効果
▶ キャッチング
▶ スローイング
▶ フットワーク
▶ フィジカル
▶ チームワーク

▼ やり方

1. 捕手はキャッチャーボックスで構え、指導者はゴロを転がす
2. 打球に素早く入り捕球したら、一度三塁方向に体を向ける。その後、体を切り返して一塁へ送球する

ポイント　横着せずに体をしっかり向ける

捕球して三塁へ向くときは横着して頭だけ向けるのではなく、体もしっかり三塁に向けて「投げるぞ」という雰囲気を作る(ただし、一塁を確実にアウトにできるタイミングに限る)

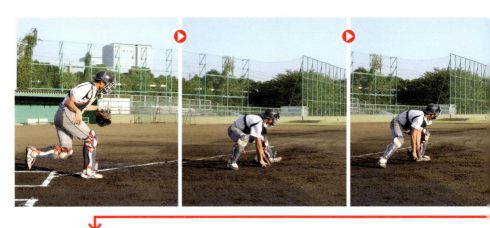

体を切り返す

 **なぜ必要？**

二塁走者をけん制する意味もある

主に走者二塁の場面で送りバントをされたときに使う。そのまま三塁に投げても間に合わない状況が多いが、体を三塁方向に向けることで二塁走者をけん制する意味もある。また、三塁送球が間に合わないと判断したときに体を切り返して一塁を確実にアウトにするためにも練習しておきたい。

 ワンポイントアドバイス

練習のときから習慣づける

しっかりと切り返しの動きを身につけるため、シートノックやゲームノックなど練習のときから意識して行うようにする。

三塁をしっかり見る

捕手の守備練習

バックホームに備える捕球体勢を作る

ねらい

難易度 ★★★★★
時間 15〜20分

得られる効果
▶ キャッチング
▶ スローイング
▶ フットワーク
▶ フィジカル
▶ チームワーク

Menu **028** 送球の捕球（ノック）

▼ やり方

1. ノッカーは一塁付近に位置し、捕手は本塁の前に立って半身の状態で構える
2. ノッカーは捕手に対してノックを打ち、捕手は体を動かさずそのままの姿勢で捕球
3. 捕球したら走者が滑り込むと想定してそのままタッチする。あらゆるポジションからのボールに対処するために、二塁方向や三塁方向からもノックを行っていく

なぜ必要？

捕手は「最後の砦」である

「最後の砦」という形容詞があるように、捕手は生還を試みる走者をアウトにしなければならない。そのためには野手の送球をしっかりと捕球できる技術が必要になってくる。日頃からノックで送球を捕球する感覚を養おう。

ワンポイントアドバイス

ボールを下から見る

ボールに対しては上から見るのではなく、ボールの底をのぞくようなイメージで下から見るようにする。そうするとバウンドに対してうまく対応することができる。

ポイント

ボールに対して半身になる

ボールに備えるときはボールに対して正対するのではなく、半身になって構える。もし正対して構えてしまうと、走者にタッチしにくくなってしまう。半身の状態であればバウンドによって捕球する位置を前後で修正することが可能であり、広範囲に送球への対応ができ、そのまま走者にタッチすることができる

NG 送球に対して体が正対している

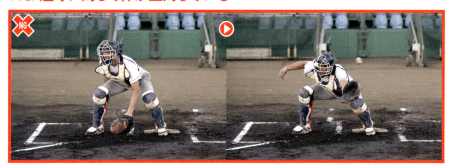

送球に対して体が正対するとタッチがうまくできない

NG 左足を前に向けている

左足を前に向けて構えているため、送球に対してうまく対応できない

捕手の守備練習

走者をアウトにするタッチを身につける

Menu **029** 捕球からタッチ

難易度 ★★★☆☆
時間 ノック時随時

得られる効果
▶ キャッチング
▶ スローイング
▶ フットワーク
▶ フィジカル
▶ チームワーク

▼ やり方

1. 捕手は本塁の前に半身で立ち、送球に対して構える
2. ボールが来たらタッチしやすい位置で捕球し、右ヒザを本塁のほうに寄せながらタッチする

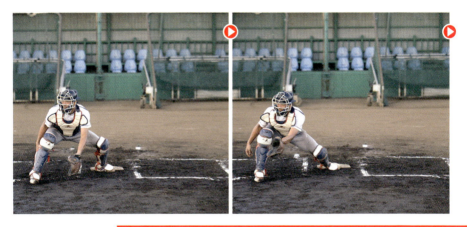

なぜ必要?

得点を許さないために不可欠な技術

いくら捕球が上手でも、タッチがうまくいかなければセーフとなり相手に得点が入ってしまう。得点を許さないためには、捕球からタッチへの流れをうまくつなげていきたい。

ポイント

右ヒザを本塁へ寄せる

捕球からタッチまでの一連の流れで、ポイントとなるのが右ヒザの動きだ。上半身とミットを動かすだけでなく、右ヒザを本塁へ寄せることで動きがスムーズになり、本塁をブロックする役割もある

Point! 右ヒザを本塁に寄せる

Level UP!
高い送球はそのまま下にミットを落とす

高い送球が来た場合、ボールをできるだけ手元まで引きつけて捕球する。そして、そのままミットを下へ落とし、滑り込んでくる走者にタッチする。このとき、走者の勢いに押されてボールを落球しないように、しっかりとボールをつかんでおこう。

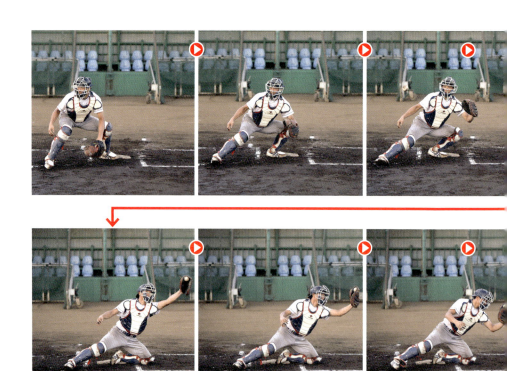

捕球姿勢が不安定

捕球姿勢が不安定だとタッチまでの流れがスムーズにできない

手元まで引きつけて捕球

そのまま下へ

捕手の守備練習

タッチプレーの注意点を覚えておこう！

本塁タッチプレーは、近年大きく変化している

　本塁での走者と捕手のタッチプレー（タッグプレー）と言うと、一般的なイメージでは本塁に突進してくる走者に対して、捕手が果敢なブロックをしてアウトにする。またはタックルで体当たりする走者に、倒されながらもボールを離さないでいるプレーを思い浮かべるだろう。その影響もあって捕手は「勇猛果敢なファイター」というイメージで見られることも多い。

　しかし近年、これらのプレーは危険なプレーとみなされ本塁タッチプレーが大きく変わっている。2014年にはメジャーリーグで捕手の本塁ブロックが禁止行為とされ、日本でもアマチュア野球の規定で数年前にクロスプレーに関して厳格なルールが決められた。また、NPBでも本塁でのタッグプレーに対して新たなルールが2016年から適用される。

　2012年のU18ワールドカップの日本対アメリカ戦では、日本の捕手・森友哉選手（当時大阪桐蔭高2年、現埼玉西武）がアメリカの選手から2度本塁上でタックルを受ける出来事があった。タッチプレーは一歩間違えれば選手生命に関わってくるので、気をつけておきたい。

ポイント 本塁は空けておく

送球を待っているときは本塁をまたがない、走者の走路に立たないなど、本塁を空けて送球に備える

Level UP!

内野手のようなタッチをする

走者にタッチする際には内野手が盗塁で走者にタッチするように、払うイメージでタッチを行う。もし走者が勢いよく突進してきた場合には、その力に勝とうとはせず、逆にかわすようなタッチをする。普段の練習からこうしたタッチの技術を身につけておこう。

払うイメージでタッチ

捕手の守備練習

キャッチャーフライの確実な捕球を目指す

Menu **030** キャッチャーフライの捕球

| 難易度 | ★★★☆☆ |
| 時間 | ノック時随時 |

得られる効果
- ▶ キャッチング
- ▶ フットワーク

▼ やり方

1. 捕手はキャッチャーボックスに入り構える
2. ノッカーがフライを打ったらマスクを地面に置き、打球がどこに上がったのか確認。落下地点に入り捕球

ポイント　キャッチャーフライの性質を知る

キャッチャーフライは高く上がったあと、ファウルならばバックネットから本塁方向へ、フェアならばマウンドから本塁方向へと流れていく。そのためファウルフライの場合はバックネット側に、フェアフライの場合は本塁方向に体を向けてそれぞれ捕球する。高々と上がるフライの場合、胸で捕球するよう心がける

フェアフライの場合

高く上がったフライを確実に捕球する練習

キャッチャーフライは基本的に高い打球が多く、捕球する範囲はフェアグラウンドだけではなくファウルグラウンドにも及ぶ。素早く落下点に入り確実に捕球できるようにしよう。

低いフライでは体の向きを意識しない

キャッチャーフライは高いフライだけでなく、低いフライになる場合もある。そのときはフェアだろうとファウルだろうと、体の向きは意識せず、まずは捕球第一で落下点へと入る。

Point! 本塁方向を向く

 ポイント

ヒザは柔らかく

捕球する際にはボールの落下に合わせて、ヒザをクッションのように柔らかく使う

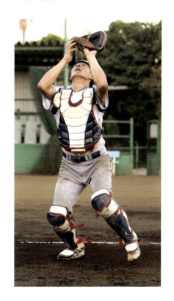

Point! ヒザを柔らかく

COLUMN 5

捕手の打撃への生かし方

　捕手の中には打撃の良い「打てる捕手」というのが存在します。プロ野球で例を挙げるならば、古くは三冠王の野村克也さんや本塁打王をとった田淵幸一さん。最近では大学、社会人出身で初めて2000本安打を達成した古田敦也さん。現役選手では巨人の阿部慎之助選手がいるでしょう。

　皆さんの中でも「捕手の経験を打撃に生かせたらなぁ」と思う人もいるはずです。では、どうすれば打撃向上につながるのか。その答えは「配球を読む」ことです。配球を読む場合、投手と対戦するのではなく捕手と戦うというイメージです。まずは相手捕手の配球の特性やクセを知ることが大事になってきます。

　私がこれまで見てきた捕手の打者を見ていると、あるコースや球種を50％、50％の確率で読むよりも、追い込まれるまでねらい球を絞ってそのボールが来たらしっかり振り切る。ストライクゾーンの9マスで打ちにいくのではなく、低めの3マスだけをねらうといった傾向が強いです。ほかにもボール先行で投手が追い込まれている場面で安打をねらって打つなど、投手にとっては嫌らしいタイプなのかもしれません。

　また、捕手は打者の動きを見ている一方で、投手の投げたいボールを使えるよう配球に集中しています。その投手が投げたいボールが何かを知ることも大きな手がかりとなるはずです。

　配球を読み、ねらい通りにボールが来て安打が打てたら成功例となります。その成功例を多く経験することで打撃に自信が生まれ、逆に自分のリードにも生かされるでしょう。

第6章

配球

打者を打ち取るための投球の組み立て、つまり配球は捕手の腕の見せどころ。三振をとる、ゴロを打たせる、フライを打たせるなど、明確な目的をもってしっかりリードしていく方法を覚えよう。練習の段階から配球を意識して取り組むことが大事だ。

配球

配球＝打者を打ち取るための作戦

配球とは!?

　捕手の大事な役割に配球を組み立て、相手打線に得点を許さないことが挙げられる。

　では配球とは何なのだろうか。配球とは投手の力量と投げる変化球、打者の力量と打席での様子、しぐさ、さらにアウトカウントや塁状況を見たうえで考え、コースや球種を選び、打者を打ち取る作戦・戦略と言える。

　ただ、アウトカウントや塁状況が同じでも試合序盤か試合終盤、リードしているかリードされているかによって配球は大きく変わり、無数のパターンが存在するのだ。

　基本的に配球には「入り球、誘い球、勝負球」の3段階がある。入り球は初球に投げるボール。このボールが決まることで、後の配球が大きく変わってくる。そして相手の様子やしぐさから、誘い球を見せる。誘い球を効果的に使い、最後に勝負球で打ち取るのだ。

　また、配球には一球一球に意図を持たせなければならない。例を挙げるなら直球を投げたら今度は同じコースにスライダーやチェンジアップを使うといった、前の球とリンクさせた配球パターンがある。

　しかし、配球の組み立てにも注意しなければならない点がある。たとえばカウント3-1から外角低めギリギリに直球が決まったとする。この場合、同じボールで同じコースをねらおうとすると、今度は甘いボールになる可能性が高い。そのときには同じコースで変化球を投げるか、違うコースに変えなければならない。

　ほかにも、打者を打ち取るため内角、外角、内角、外角と交互にコースを突く配球をする捕手がいる。この配球では投手が混乱してしまい、負担も掛かってしまう。次第にボールが真ん中に集まる弊害も出てくる。できれば同一コースで配球を組み立てるのが好ましい。

　配球でぜひ意識してほしいのは投手の持っている良いボールをうまく引き出し、際立たせること。捕手第一ではなく、まずは投手を第一に考えよう。

打者を打ち取る
基本的な配球の組み合わせ

1. コース→内角、外角を突いて左右で揺さぶる

2. 高低→高め、低めを使い上下で揺さぶる

3. 前後→直球とカーブのように緩急のあるボールを投げ、奥行きを使う

≫ この３つの組み合わせをうまく織り交ぜることが、配球ではとても大事になってくる。

配球

打者を見てタイプを分類する

スタンスや構えから見極める

　配球を組み立てるうえで参考にしておきたいのは、打席に入った打者の構えやスタンスだ。

　構えやスタンスから「この打者はこのコースに強く、このコースは苦手」「まずはこのコースを攻める」という傾向が見えてくる。打者が打席に入ったら、まずは構えやスタンス、ステップの仕方を観察して「このタイプだ」と分類することを心がけよう。

　これからさまざまな具体例を挙げるが、必ずしもそうであるとは限らない。あくまで一般的な考え方として覚えておいてほしい。

≫構え

バットを立て、高々と上段から構える打者

プロ野球選手で例えるなら東京ヤクルトの山田哲人選手や巨人の坂本勇人選手のような構えだろう。この打者は低めのボールに強い反面、高めのボールが苦手な傾向があるため高めで勝負したい。

バットを寝かせて構える打者

プロ野球選手で言えば今年、シーズン最多安打記録を更新した埼玉西武の秋山翔吾選手だ。このタイプの打者は高めに強いが、逆に低めのボールを苦手とする傾向があるため低めで勝負したい。

≫スタンス

スクエアスタンスの打者

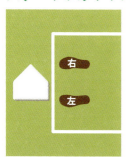

両足が本塁と平行になるスクエアスタンスの場合、まずは外角へ投げるのが無難だ。ただ引っ張りが得意、逆方向に打つのがうまいなど打者のタイプで微妙に変わってくる。

クローズドスタンスの打者

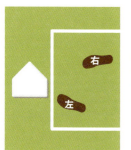

本塁方向へ踏み込んでくるクローズドスタンスの打者は、緩い変化球から入り、その後に内角のボールで体を起こす。

オープンスタンスの打者

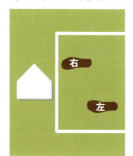

体が開いているオープンスタンスの打者はまず内角のボールを見せ、最後は外角のボールでしっかりと抑えにいく。

≫ステップ

スクエア→オープン

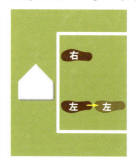

外角のボールが有効なため、外角で勝負する。

オープン→スクエア

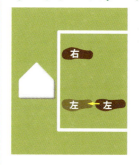

内角のボールを見せ、外角のボールで打ち取る。

オープン→オープン

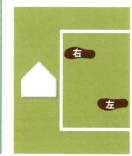

外角のボールの出し入れで、十分打ち取ることができる。

! ポイント　足の重心のかけ方でも変わってくる

構えやスタンスだけではなく、足の重心のかけ方でも打てるコースが違ってくる。たとえばカカト重心の場合、スクエアからスクエアに踏み出していても、ややオープン気味にステップしてしまう。足の重心のかけ方も注意深く見てみよう

次ページからの
「シチュエーションに応じた配球を考える」の見方

根拠に基づいて配球をする

これから紹介する「シチュエーションに応じた配球」は、ランナーの状況や打者のタイプなどから、ねらい通りの結果に近づける可能性が高い配球を紹介したもの。野球に100パーセント絶対はないため、ねらい通りに投げても飛んだコースによってヒットになることはあるし、投手が投げそこなうこともある。ただし、根拠をもって配球することが大切なので、これから紹介するページを参考に、実戦練習でも試して自分の経験値を高めていこう。

▶シチュエーションとねらいを紹介

配球はシチュエーションによって変わってくるので、打者のタイプと投手の左右、ランナーとアウトカウント、点差を表す。打者タイプの「強打者」は中軸（三〜五番）を打つ選手で強い打球（長打）を打てる打者の意味。「弱打者」は一、二番打者、あるいは下位打線の選手で大きな当たりは少ない打者の意味。シチュエーションに応じた配球のねらいを表す。

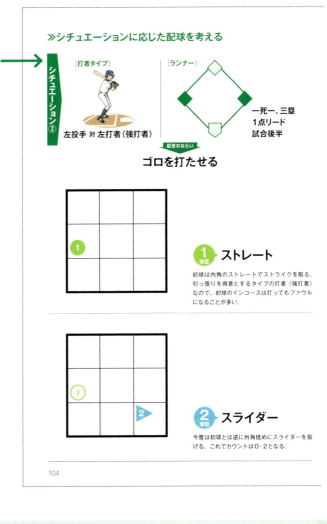

▶球種の見方

＝ストレート　＝スライダー　＝チェンジアップ

＝カーブ　＝シュート

＊右投手の場合。横の変化の球種(スライダー、シュート)は、左投手の場合、矢印の方向が逆になる。

▶配球図

配球の位置は投手から見てのもの。本来のストライクゾーンは正方形ではないが、便宜上、内角、真ん中、外角のコースと高め、真ん中、低めの高さを9マスで表す。[!]ポイントマークは、配球の中でポイントとなるボール。

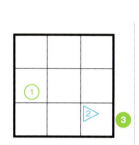

3球目 ストレート [!]ポイント

外角へボールとなる直球を投げる。2球目と同じ変化球を続けてしまうと打たれる危険性が高いので直球、しかも必ずボールになる球を要求する。

4球目 スライダー

2球目と同じコースにスライダーを投げ、引っ掛けさせるのが理想。

配球の解説　直球の残像を利用する

この配球のテーマとなるのは「内角をどう使うか」「低めの変化球をどう打たせるか」。高校生の左の強打者の場合、基本的に引っ張ってくる傾向が強く、外角のボールをねらっている。そのねらいに反して内角にストレートを投げることで、体を開かせる。そうすると外への変化球が投げやすくなるのだ。
0-2からボール球のストレートを投げるのは、単純に1球外すという意味ではない。このボールを見せることが4球目以降に大きく影響する。このとき、打者は3球目のストレートの残像が頭に残っている。そこで変化球を使うと、真っすぐの意識がある打者はボールの上部をたたき、ゴロを打たせることができる。逆に外角の変化球を見せ、内角の直球で詰まらせる配球もとても有効だ。

5球目 チェンジアップ

4球目で打ち取れなかった場合（ファウルやボールになった場合）は、真ん中低めのチェンジアップを打たせる。緩いボールなら手が出てゴロになる可能性が高い。

▶配球のポイントを解説

どんなねらいをもって配球をしているのかを解説。それぞれのボールの意味を説明する。

≫シチュエーションに応じた配球を考える

[打者タイプ]

左投手 対 右打者（強打者）

[ランナー]

一死一、三塁
1点リード
試合後半

配球のねらい

サードゴロ、ショートゴロを打たせる

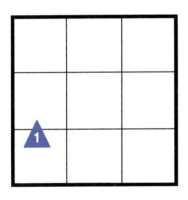

 カーブ

初球は甘く入りたくないのでコースとしては外角。まずは外角低めにカーブを投げて様子を見る。打者は初球が変化球で来たため、見逃す傾向が強い。

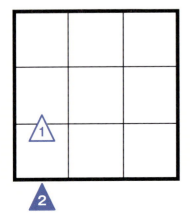

 カーブ

カーブを続けるが、今度は低めのボール球にする。2球変化球が続いたことで打者は「今度は手を出さなくては」という心理が働く。ボール球を投げているのでこのボールを打ってくれたらラッキーだ。

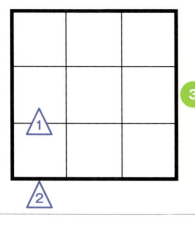

 ポイント

3球目 ストレート

緩いカーブが2球続き、打者は体がやや前に突っ込んだ状態となっている。そこで内角へボール球となるストレートを投げて、体を起こす。

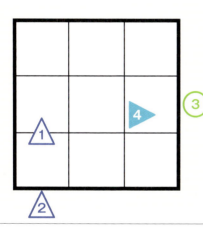

4球目 スライダー

やや甘いスライダーで詰まらせ、ゴロを打たせる。

配球の解説 3球目のボール球が大きなポイント

この配球で大きなポイントとなるのは3球目のボール球となるストレートだ。カーブを2球続けて誘い出し、ここで内角のボール球を投げて体を引かせる。インコースを突かれたバッターの心理としては「次は外角にくる」と予想する。しかし、4球目はあえて甘いスライダーを投げるのだ。3球目のストレートで腰が引けているため、甘い変化球でも打ち取ることができる。まして打者は右の強打者で引っ張る傾向が強く、三遊間にゴロが転がる確率は高い。ねらい通りにゴロを打たせるために勝負球は甘い変化球でいい。また同時に、打者の頭の位置をどう動かすかも重要なポイントとなる。

≫シチュエーションに応じた配球を考える

シチュエーション②

[打者タイプ]

左投手 対 左打者(強打者)

[ランナー]

一死一、三塁
1点リード
試合後半

配球のねらい
ゴロを打たせる

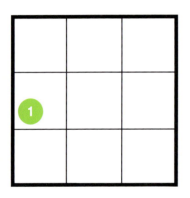

 ストレート

初球は内角のストレートでストライクを取る。引っ張りを得意とするタイプの打者(強打者)なので、初球のインコースは打ってもファウルになることが多い。

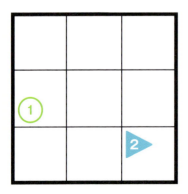

 スライダー

今度は初球とは逆に外角低めにスライダーを投げる。これでカウントは0-2となる。

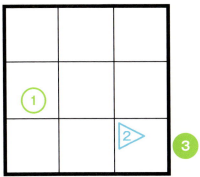

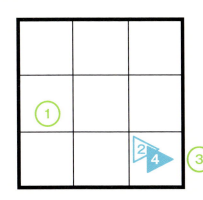

3球目 ストレート ❗ポイント

外角へボールとなる直球を投げる。2球目と同じ変化球を続けてしまうと打たれる危険性が高いので直球、しかも必ずボールになる球を要求する。

4球目 スライダー

2球目と同じコースにスライダーを投げ、引っ掛けさせるのが理想。

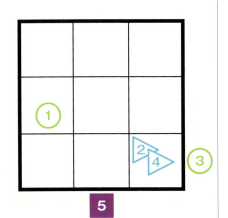

5球目 チェンジアップ

4球目で打ち取れなかった場合（ファウルやボールになった場合）は、真ん中低めのチェンジアップを打たせる。緩いボールなら手が出てゴロになる可能性が高い。

配球の解説 直球の残像を利用する

この配球のテーマとなるのは「内角をどう使うか」「低めの変化球をどう打たせるか」。高校生の左の強打者の場合、基本的に引っ張ってくる傾向が強く、外角のボールをねらっている。そのねらいに反して内角にストレートを投げることで、体を開かせる。そうすると外への変化球が投げやすくなるのだ。

0-2からボール球のストレートを投げるのは、単純に1球外すという意味ではない。このボールを見せることが4球目以降に大きく影響する。このとき、打者は3球目のストレートの残像が頭に残っている。そこで変化球を使うと、真っすぐの意識がある打者はボールの上部をたたき、ゴロを打たせることができる。逆に外角の変化球を見せ、内角の直球で詰まらせる配球もとても有効だ。

≫シチュエーションに応じた配球を考える

シチュエーション③

[打者タイプ]
右投手 対 右打者（強打者）

[ランナー]

一死一、三塁
1点リード
試合後半

配球のねらい
ゴロを打たせる

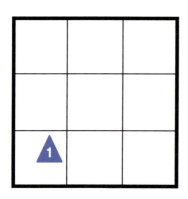

1球目 カーブ

相手の打者タイプから考えられるのは、センターから引っ張り。なので初球は外角低めカーブでカウントを取る。

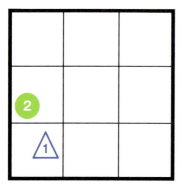

2球目 ストレート

外角ギリギリのストレート。ボール球になってもいいストレートを投げ込んでファウルを打たせる。

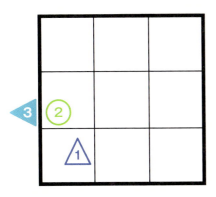

3球目 スライダー

2球目と同じコースにスライダーを投げ、引っ掛けさせて打ち取る。空振りすれば三振となる。

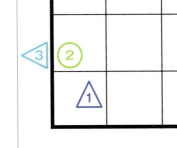

4球目 ストレート　！ポイント

3球目で打ち取れなかった場合は配球に変化を加える。外角へのボールが続いたため、ここで内角へボール球のストレートを投げる。

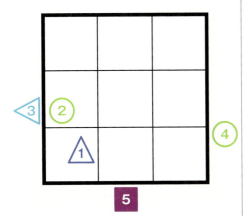

5球目 チェンジアップ

4球目で1球インコースを見せたので、最後は真ん中低めのチェンジアップ（ボール球）を打たせる。

配球の解説　リンクさせるボールで打ち取る

打席に立つのは右の強打者であり、この場面は引っ張りかセンター返しをねらっている。そのため、外中心の配球で打ち取りたいという心理が働く。

この配球でポイントとなるのは2球目、4球目のストレートだ。たとえば2球目の直球は外角ギリギリの厳しいボール。ここで同じコースに直球を投げようとすると、甘くなって打たれてしまう。厳しいコースの直球の後は、同じコースに同じ球種を続けてはならない。ここでスライダーを投げることで前の直球とリンクしたボールとなり、打ち取ることができる。スライダーを生かすために直球を使う。

同様に4球目の直球も、5球目のチェンジアップを生かすために投げるのだ。

また、1球目から3球目はすべて外角へのボールだった。投手を混乱させない、同一コースで打ち取るための配球と言える。

≫シチュエーションに応じた配球を考える

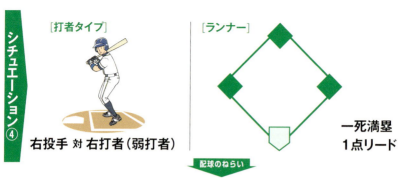

シチュエーション④

[打者タイプ]
右投手 対 右打者（弱打者）

[ランナー]
一死満塁
1点リード

配球のねらい
外の変化球で引っ掛けさせる

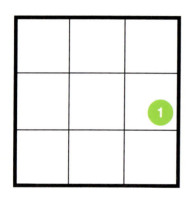

1球目 ストレート

相手は弱打者なのでまず内角に直球をズバッと投げこむ。初球で詰まらせればOK。不用意に外から入るとコツンと合わせられる危険があるので、初球は内角でいい。

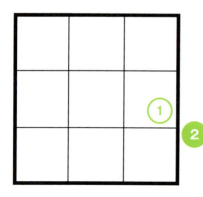

2球目 ストレート

もう1球内角へ。今度はボールになる球を見せる。満塁なので死球には十分注意すること。

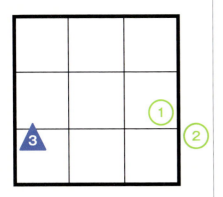

3球目 カーブ

2球内角を攻めたことでかなり内を意識しているので、ここで外角低めのカーブを投げる。

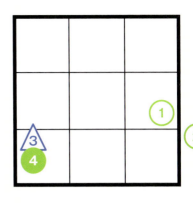

4球目 ストレート

今度は同じコースにストレートを投げ込む。弱打者に外角の直球は危険だが3球目のカーブが効いているのでここで使うのは有効。

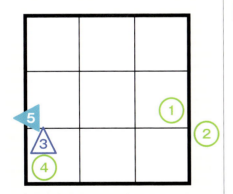

5球目 スライダー  ポイント

最後は外角低めのスライダーで引っ掛けさせる。同じコースへの直球は続けないこと。

配球の解説 逆方向へ打たせない配球

右の弱打者がヒットを打つ場合、一、二塁間を抜くヒット、センター前ヒット、ライト前のポテンヒットが考えられる。一番避けたいのは外角のボールをチョンと当てられてヒットにされること。そのために1球目、2球目と内角を意識させる。そしてカーブで体を突っ込ませることで引っ掛けさせ、ピッチャーゴロやショートゴロを誘い出すことができる。

この配球で気をつけたいのは、5球目のボール。外角のストレートを2球続けてしまうと、逆方向へ打たれるリスクが高くなってしまう。そのためにも4球目のストレートの後にはスライダーを投げ、引っ掛けさせる。

逆方向をねらっている打者が一番ヒットにしやすいのは甘めの直球。逆にヒットしにくいのは外角の変化球なのだ。弱打者は一般的に外角の変化球をヒットにすることは難しく、引っ掛けさせて打ち取るのがポイント。

≫シチュエーションに応じた配球を考える

[打者タイプ]

右投手 対 左打者（弱打者）

シチュエーション⑤

[ランナー]

一死満塁
1点リード

配球のねらい

センターから右に打たせたい

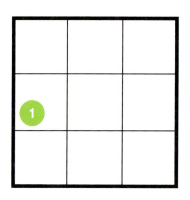

 ストレート

相手は弱打者であり、できるだけインコースを詰まらせたいので、まずは内角に直球を投げる。ストライクである必要はないが、しっかりと投げ切る。

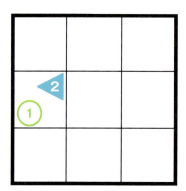

 スライダー

初球が厳しいコースに決まったら、内角に甘めのスライダーを投げて引っ張らせる。

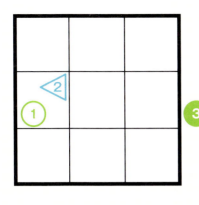

> **！ポイント**
>
> **3球目 ストレート**
>
> 2球目で打ち取れなかったら外角へボールになる直球を見せる。ここは4球目への布石となるのでボール球でいい。

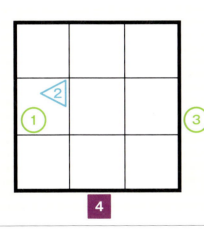

> **4球目 チェンジアップ**
>
> 真ん中低めのチェンジアップ。緩い球を引っ張らせてゴロを打たせる。

配球の解説　右方向へ引っ張らせる配球

右投手対左打者であり、ミートする角度から、しかも弱打者なのでヒットを打つならば三遊間やレフト前の可能性が極めて高い。そのためセンターから右へ打たせる配球を行う。この場合、できれば2球目のスライダーで打ち取るのが理想。もし打ち取れなかったら、3球目でボールになるストレートを投げる。ただ、ここで勘違いしてほしくないのは、このボールは追い込んでから1球外すためではなく、4球目に投げるチェンジアップへの布石となるボールなのだ。3球目と4球目でリンクしている。

また、初球に厳しいコースへストレートを投げた後、2球目でストレートを続けるとボールが甘くなってヒットを打たれてしまう。そこで変化球を投げて打ち取ることをねらう。ただ、相手が弱打者なので、もし投手の力が完全に上だと感じたら直球で押していっても良い。

≫シチュエーションに応じた配球を考える

[打者タイプ]
右投手 対 右打者（強打者）

[ランナー]
二死二塁
1点リード

配球のねらい

逆方向にゴロ、もしくはフライを打たせる

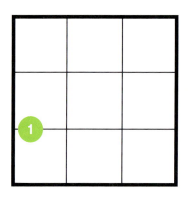

 ストレート

ここはバッター集中でいい場面なので原点配球で初球は外角低めにストレートを投げ込む。

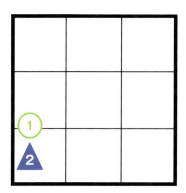

 カーブ

外角低めにカーブを投げる。初球でストライクを取っていればここはボールでもいい。

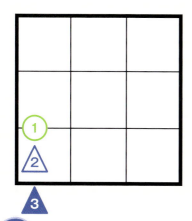

3球目 カーブ !ポイント

カーブを続けるが、今度は確実にボールになる球。追い込んだ状態、もしくは1-1だと打者は打ちにくい可能性が高い。

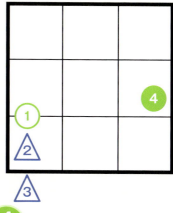

4球目 ストレート

外を続けたので内角へストレートを投げる。このボールで三振を取れればベスト。

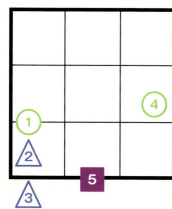

5球目 チェンジアップ

4球目がファウルになったら、真ん中低めのチェンジアップ（落ちる球。フォークがあればフォーク）で打ち取る。

配球の解説 同じ球種を続けても、それぞれに意図がある

まず考え方としては二死二塁であれば走者なしの場面と一緒。ランナーは気にせずバッター勝負で行く。相手は右の強打者であるため、引っ張らせるよりも逆方向にゴロ、フライを打たせる配球を組み立てる。この配球でポイントとなるのは2球目と3球目にカーブを2球続けること。特に大事なのは3球目で絶対にボール球のカーブを投げること。打者は2球目にカーブを見ているため、3球目はタイミングが合うからボール球でも打ちにくる可能性が高い。したがってストライクだと打たれる危険がある。また、2球目と3球目がボール→ストライクと逆になると打たれる可能性が高いので注意。ストライク→ボールの順番は間違えてはいけないのだ。

≫シチュエーションに応じた配球を考える

シチュエーション⑦

[打者タイプ]

右投手 対 左打者（強打者）

[ランナー]

二死二塁
1点リード

配球のねらい

打ち損じをねらう

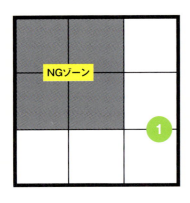

NGゾーン

1球目 ストレート

右対左で打者は内角のボールが見やすいので、内角高めは絶対に投げてはいけないNGゾーン。まずは外角のストレートでカウントを取る。

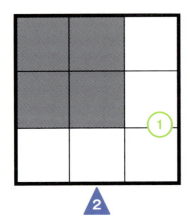

2球目 カーブ

真ん中低めにカーブを投げる。これはボールになってもいい球で、打ってくれたらラッキー。

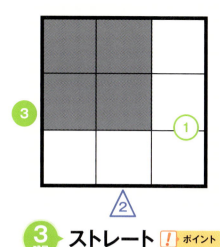

3球目 ストレート ⚠ ポイント

2球目でストライク（ファウル）が取れたら、内角へボールになる直球を投げる。

配球の解説 いかに次のボールを投げやすくするか

打者は左の強打者のため、この場面で打たれたくないコースは真ん中から内角高め寄りのゾーン。ここはＮＧゾーンとして絶対に投げてはいけない。右投手対左打者の場合、内角が見やすくなるため注意しなければならない。

この配球で重要なのは3球目にボール球を投げること。打者も「そろそろ内角にくるぞ」と感じる場面である。このボールで体を引かせられれば、次に投げるシュート、スライダーに生きてくる。投手の持ち球によって4球目の選択は変わる。スライダーで詰まらせる。シュートがある場合は外にボールになっていく球に手を出させる。4球目で3球目よりも甘いコースにストレートを投げるのはとても危険であり、ＮＧの選択肢と言える。

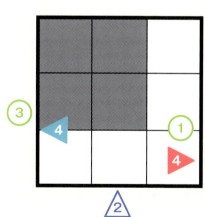

4球目 スライダーorシュート

投手の持ち球でシュートがあれば外角にシュートを投げて、バットの芯を外したい。シュートがない場合は、内角低めにスライダーを投げて詰まらせる。

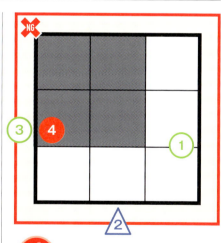

4球目 ストレート

3球目でボールになるストレートを投げているので、ここで絶対に投げてはいけないのが内角へのストレート。直前の球と同球種で甘いコースにきたら確実に痛打される。

≫シチュエーションに応じた配球を考える

シチュエーション⑧ 2ストライクからの抑え方

[打者タイプ]

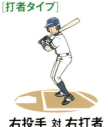

右投手 対 右打者

[ランナー]

配球のねらい

カウント0-2から確実に仕留める①

0-1から見逃した場合

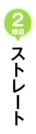
2球目 ストレート

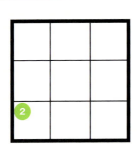

外角のストレートを見逃しで追い込む。

配球の解説　相手の出方を見て3球勝負

打者が2球目を見逃した場合、一番やってはいけないのは、完全なボール球を投げて1球外すこと。見逃して追い込んだため打者は「しまった」とダメージを受けている。それならば3球勝負で打ち取りたい。タイミングが合っていないので同コースへ同球種でもいいし、目先を変えるボールでもいい。

3球目 ストレートorチェンジアップ

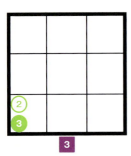

ストレートを見逃しで追い込んだら選択肢は2つ。一つは2球目よりもさらに厳しいコースへストレートを投げ込むこと。もう一つは真ん中低めギリギリのコースへチェンジアップを投げて打ち取る。

3球目 ボールのストレート

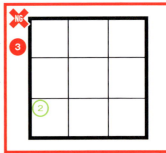

せっかく手が出ないストレートで追い込んだのに、無意味なボール球を使うと打者がリセットされてしまうので、ここはムダ球を作らずに3球勝負すること。

カウント0-2から確実に仕留める②

0-1からファウルの場合

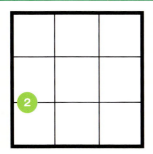

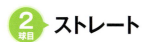 ストレート

外角低めにストレートを投げファウルボールを打たれる。カウントを0-2とする。

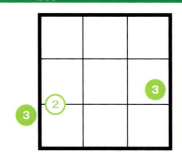

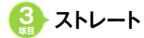 ストレート

目線を変えるため内角へ直球を投げる。または外へボール球で1球外す。

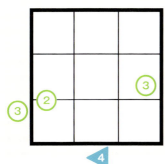

 スライダー

真ん中低めにスライダーを投げ打ち取る。

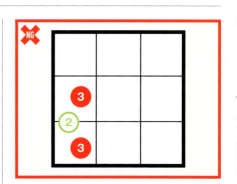 同コースへのストレート

2球目のファウルでタイミングが合っているので同コースに同球種はNG。

配球の解説　ファウルのタイミングを見極める

2球目のボールがファウルになった場合、同コースに同球種を投げると目が慣れているため打たれる可能性が非常に高い。その場合は3球目で逆サイドの内角に直球を投げる。または外へボールを投げ1球外す。ただし、ファウルを打ったときに大きく崩れていたなら、その崩したボールで勝負してもいい。

≫シチュエーションに応じた配球を考える

シチュエーション⑨ 無死満塁を抑えよう

[打者タイプ] 右投手 対 右打者（強打者）

[ランナー] 五番打者 無死満塁 2点リード

配球のねらい
三振をとる

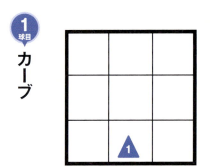

1球目 カーブ

真ん中低めにカーブを投げる。

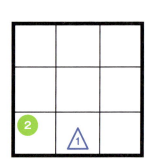

2球目 ストレート

 ポイント 外角ギリギリの厳しいコースにストレートを投げ込む。

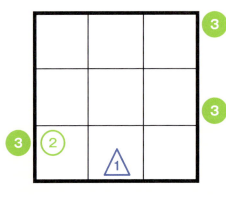

3球目 ストレート

2球目での反応を見て、3球目のコースを考える。何らかの動きがあれば内角真ん中にボール球、または内角高めにボール球を要求する。2球目で何も動きがなければ、外へボール球を投げる。

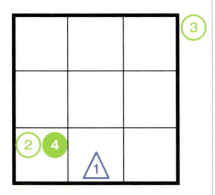

4球目 ストレート

3球目に内角高めのボール球を投げたら、今度は対角線となる外角低めのストレートで空振りをねらう。

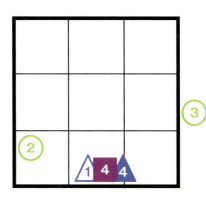

4球目 チェンジアップorカーブ

内角真ん中にボール球のストレートを投げた後は、真ん中低めに変化球（チェンジアップまたはカーブ）を投げタイミングを外す。

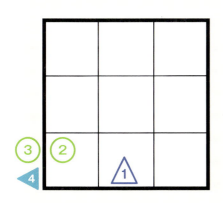

4球目 スライダー

3球目に外角のストレートを投げた場合、4球目は外角ギリギリにスライダーを投げて空振りを誘い出す。

配球の解説 相手の反応によって投げるボールを選択する

無死満塁の大ピンチ。まず強打者の五番打者に対しては、失点を防ぐためにできれば三振に仕留めたい。カーブでカウントを取った後、外角に直球を投げる。このボールがポイントで、相手の出方によって次に投げる球種、コースが大きく変わってくる。もし振ってきたり体が反応してきたら次に内角へボール球を投げ、何も反応がなければ外角のボール球を見せる。そして4球目のボールで三振をとる、または打ち取る勝負球を投げるのだ。3球目と4球目を必ずリンクさせて勝負すること。

≫シチュエーションに応じた配球を考える

シチュエーション⑨ 無死満塁を抑えよう

[打者タイプ] 右投手 対 左打者（弱打者）

[ランナー] 六番打者 一死満塁 2点リード

配球のねらい
ダブルプレーをとる

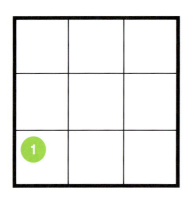

 ストレート

引っ張りを得意としない弱打者なので思いきって内角にストレートを投げこむ。満塁のためカウントを不利にしたくないので積極的にストライクをとりにいく。

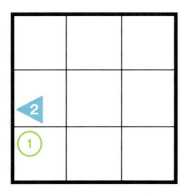

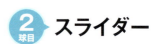 スライダー

初球と同じコースにスライダーを投げる。打ちに来た場合は詰まらせてセカンドゴロに仕留める。

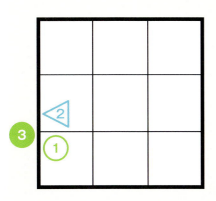

 ストレート

3球目

2球目で仕留められなかった場合は内角へのボール球を1球見せる。

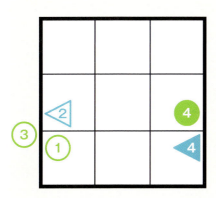

 スライダーorストレート

4球目

4球目の選択肢は2つ考えられる。一つは外角低めのスライダーで引っ掛けさせること。もう一つは外角低めに直球を投げてサードゴロかショートゴロに打ち取ること。いずれにしても内野ゴロを打たせてダブルプレーに仕留める。

配球の解説 六番打者・内角に3球続けることで、外角への意識を薄れさせる

一死満塁となったところで勝負する六番打者は、ダブルプレーをねらう。ここで注意したいのは左の弱打者であるため、センターからレフト方向にヒットを許すのを避けること。そこでまずは初球に内角へ直球を投げる。次に同じコースにスライダーを投げ、詰まらせてセカンドゴロを打たせる。もし打ちにこなければボール球で内角を3球続ける。打者が内角に意識が向いているところで、4球目は外角へ。スライダーで引っ掛けさせるか、直球でサードゴロやショートゴロを打たせるのだ。

ここで気をつけたいのは4球目に直球を投げるとき。ゴロに打ち取るのが理想だが、直球を続けてしまうためレフトフライを打たれて犠牲フライになる可能性も高い。もし直球を投げる場合は、速さもある程度の高いボールを投げてほしい。

≫シチュエーションに応じた配球を考える

シチュエーション⑩

[打者タイプ]
右投手 対 右打者

[ランナー]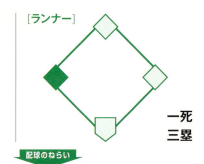
一死 三塁

配球のねらい
外のスライダーを勝負球にして三振を奪う

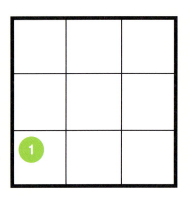

 1球目 ストレート

初球から打ちにくることも十分考えられるため、初球は手が出しづらい外角低めのストレートから入る。

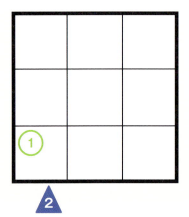

 ポイント

 2球目 カーブ

初球でストライクを取ったあと、低めのボール球になるカーブを投げる。

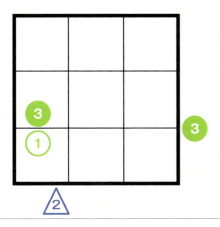

3球目 ストレート①

外角低めにもう一度、ストレートを投げる。前のカーブが効いているのでストライクを取りやすい。

3球目 ストレート②

1球目、2球目でストライクが取れたら、内角へ1球ボール球を見せる。

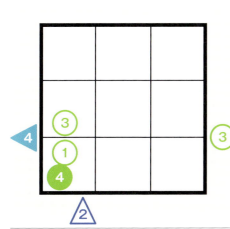

4球目 ストレート①→スライダー

ボール球になるスライダーを投げ、空振りを誘い出す。

4球目 ストレート②→ストレートorスライダー

3球目にインコースのストレートを使った場合は、外角低めの直球かスライダーで空振りを奪う。

配球の解説 カーブを有効に使った配球

走者三塁の場面でまず気をつけるのはワイルドピッチやパスボールに対する準備。なるべくワンバウンドになるボールは投げさせたくないが、打者は「ワンバウンドのボールはない」と考えてくるので勝負球で落ちる変化球を選択する手もある。

この配球でポイントとなるのは2球目のカーブ。打者にとってはタイミングを狂わせる意味もあるが、捕手にとっては緩急のあるカーブを選択することで、次のリードが立てやすくなるのだ。

この配球には2つのパターンがあり、3球目で外角低めへ直球を投げた後にボール球のスライダーで空振りを奪うのはスタンダードなリードと言える。0−2で3球目を迎えたら内角のボール球を見せ、対角線の外角低めで勝負する。

≫シチュエーションに応じた配球を考える

シチュエーション⑪

[打者タイプ]

右投手 対 右打者

[ランナー]

無死一、二塁

配球のねらい
フライを打たせて送りバント失敗をねらう

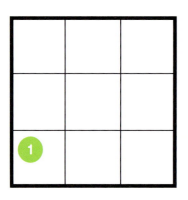

 **ストレート**

シチュエーション的に送りバントの場面。打者は三塁側に転がしたいので、それをしづらいようにまずは外角低めへキッチリと直球を投げ込む。

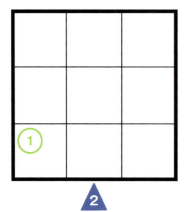

 カーブ

低めにボールとなるカーブを投げる。簡単にストライクを取りにいってバントを決めさせると相手にリズムが生まれてしまうのでここはボールでいい。

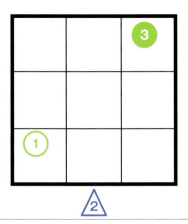

3球目 ストレート

2球目カーブで相手の体を前に出させたので内角高めにストレートを投げて、フライを打たせて送りバント失敗をねらう。

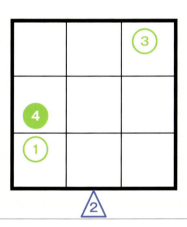

 ### 4球目 ストレート

3球目で仕留めることができなかったら初球と同じコースに直球を投げ、一塁側にバントさせる。ここでカウントを悪くすると苦しくなるので割りきってバントさせる。

配球の解説　高低の配球を使う

高校野球では無死一、二塁の場面では、送りバントかバントエンドランが想定される。送りバントの場合、三塁側に転がされたらほぼ決まってしまう。そのため、バントしやすい真ん中からやや内角寄りのコースには投げないよう気をつける。
まず考えたいのは、フライを打たせて送りバントを失敗させること。2球目にボール球のカーブで誘い出し、高低を使った配球で内角高めへ直球を投げる。もし3球目で打ち取れなかったら、外角低めの直球で一塁側へバントをやらせるのだ。また、2ストライクに追い込むと送りバントはしてこないケースが多いので、2ストライクにすることもポイントだ。
ただ、バントをさせないため厳しいコースをねらいすぎてストライクが入らず、フォアボールになってしまうのは一番悪いケースだ。3球目で決まらなければ「仕方ない」と気持ちを切りかえ、バントをさせたほうが良いだろう。

≫シチュエーションに応じた配球を考える

シチュエーション⑫

[打者タイプ]
右投手 対 右打者

[ランナー]
一死二、三塁

配球のねらい
ゴロを打たせる

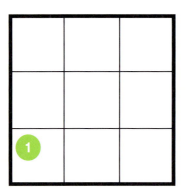

!ポイント

1球目 ストレート

ランナー二、三塁でダブルプレーがないため攻撃側が圧倒的に有利。困ったときは外角低めへのストレートから入ろう。

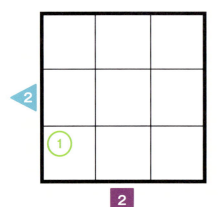

2球目 スライダーorチェンジアップ

初球と同じアウトコースにスライダーを投げ、内野ゴロに打ち取る。もしくは真ん中低めのチェンジアップでタイミングを外し、内野ゴロを打たせる。早いカウントで仕留めるのが理想だ。

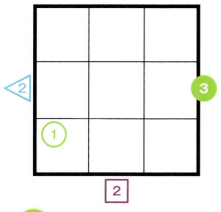

3球目 ストレート

2球目が見逃しやファウルで仕留められなかった場合、3球目は内角ギリギリの厳しいコースに直球を投げる。

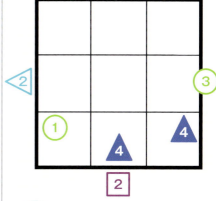

4球目 カーブ

4球目はカーブ。これはコースによってねらいが異なる。真ん中低めに投げる場合は引っ掛けさせて内野ゴロ。内角低めに投げる場合はファウルにさせることがねらいで、5球目で勝負だ。

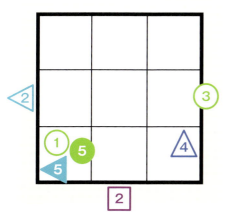

5球目 ストレートorスライダー

外角低めに直球かスライダーを投げ、三振をねらう。

配球の解説　早いカウントで勝負する

この場面で考えておきたいのはスクイズと低いボールへの対処。初球の入りで注意すべき点は、外角高めへ投じたストレートを当てられてしまい、犠牲フライになってしまうことだ。そのためにまずは外角低めにストレートを投げる。そして、ストレート→変化球でゴロを打たせるために、スライダーかチェンジアップで内野ゴロをねらう。早いカウントで勝負し、2球で打ち取るのだ。

もし2球で打ち取れなかったら内角へ厳しいコースの直球を投げ、4球目は真ん中低めのカーブで引っ掛けさせる。もし三振をねらいたいのであれば、内角低めのカーブでファウルボールを打たせて追い込む。そして最後に外角低めの直球かスライダーで三振を奪う。

≫シチュエーションに応じた配球を考える

[打者タイプ] 右投手 対 左打者（強打者）

[ランナー] 一死一塁

配球のねらい
長打警戒

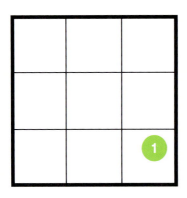

1球目 ストレート

打者は強打者でランナーは一塁。長打を避けなければいけない場面であり、不用意にインコースを攻めるのは禁物。まずは外角低めへストレートを投げて、ファウルボールか見逃しでストライクを取る。

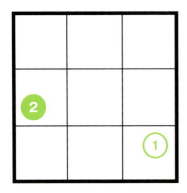

! ポイント

2球目 ストレート

内角ギリギリへストレートを投げる。できればファウルボールを打たせたい。

ボールカウント1-1なら

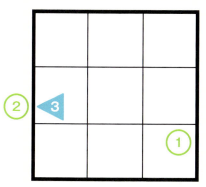

3球目 スライダー

2球目がボールとなった場合、内角へのスライダーで詰まらせファーストゴロを打たせる。

配球の解説 2球目のストレートが3球目の布石となる

打者は四番打者、一塁走者は足のある上位の打者と想定する。ここは長打一本で走者が生還するのを避けるため、長打を警戒する配球を組み立てる。

特に2球目の直球は3球目への布石となっている。左の強打者は基本的に引っ張るため、2球目がボールになった場合は3球目のスライダーで詰まらせファーストゴロに打ち取る。2球目がストライクで0-2となったら、チェンジアップで三振をねらう。できれば早めに追い込むのがポイントだ。

また、走者一塁の場面でカウントを悪くした場合、盗塁やエンドランなど攻撃の選択肢が増えてしまう。もしチェンジアップがボールになった場合は、もう一度立て直す。

ボールカウント0-2なら

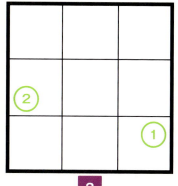

3球目 チェンジアップ

2球目がストライクだった場合、真ん中低めのボール球となるチェンジアップで三振をねらう。

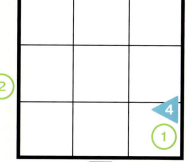

4球目 スライダー

3球目がボールとなった場合、外角低めのスライダーを打たせる。

≫シチュエーションに応じた配球を考える

[打者タイプ]
右投手 対 右打者（強打者）

シチュエーション⑭

[ランナー]
無死三塁
同点

配球のねらい

内野ゴロ、内野フライを打たせる

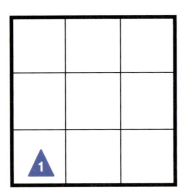

1球目 カーブ

とにかく打たせたくない場面なので初球は外の変化球。外角低めのカーブでカウントを取る。

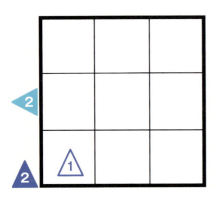

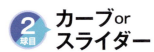

2球目 カーブorスライダー

外角へボールになるカーブかスライダーを投げる。初球はストライクを取りにいっているので、ここはボール球でいい。

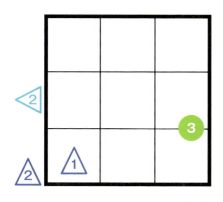

3球目 ストレート ⚠ ポイント

ボール気味のストレートを内角へ思い切り投げる。

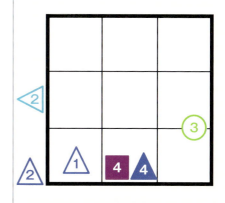

4球目 カーブorチェンジアップ

真ん中低めのカーブかチェンジアップでゴロを打たせる。

配球の解説 1点も許されない配球

無死三塁で同点と1点も許されないケースであり、内野ゴロ、または内野フライを打たせたい場面だ。基本的にはストレート→変化球の組み合わせで内野ゴロにする。このケースならば3球目の直球を見せ球にして、4球目の変化球で打ち取るのが理想だ。

もし4球目がボールとなったら、変化球→ストレートの組み合わせでフライを打たせる。ただ、一歩間違えば長打になる危険もある。そこでクイックで投げてタイミングを外すのも選択肢の一つだ。ボールの緩急だけではなく、フォームの緩急で相手を崩すことも大いに有効なのだ。

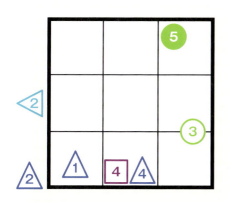

5球目 ストレート

4球目がボールとなった場合、真ん中寄り高めの直球でフライを打たせる。力で押して内野フライ、もしくは浅い外野フライに仕留めるのが理想。

COLUMN 6 捕手に必要な要素「先の展開を読む」

「グラウンド上の監督」「司令塔」「扇の要」…。捕手を形容する言葉を聞くと、野球における捕手の重要さを感じるでしょう。

捕球技術を身につけ、しっかりとした根拠のある配球を組み立てられたら一人前の捕手です。しかし、捕手としてさらなるレベルアップを図りたいなら、「先の展開を読む」力が必要とされます。

先の展開を読むことができるようになれば、「こうなったからこの後はこんな流れになる」「相手はエンドランを仕掛けるはずだから警戒しよう」と相手のプレーに対して対策や予防策を考えることができます。

先の展開を読む力は試合に出て経験を積むことで、次第に備わってきます。ただ、試合に出て経験することも大切ですが、私は第三者としてスタンドで試合を観て学ぶことをおすすめしたい。試合を第三者的に見ることによって、グラウンドにいたら気づかない点や捕手の動きが見えてくるはずです。

同様に配球に対しても「今の配球では打たれてしまう」「この配球は気づかなかった」と客観的に見ることで、自分の配球にうまく取り入れられるでしょう。実際に球場で試合を観るだけでなく、テレビ中継を観ることでも先の展開を読む力は養えます。特に最近はインターネットの動画で過去の試合が観られるようになりました。捕手は数多くの試合を観るのもレベルアップには欠かせません。

「野球は4秒間の攻防」という言葉があります。投手がボールを投げてから投球の結果が出るまでは約4秒間。そのために、しっかりとした予測・準備を心がけましょう。

第7章
シチュエーション守備

扇の要である捕手は守備体系の指示もしなければならない。
ランナーやアウトカウント、点差などの
シチュエーションによってどう守るべきか。
ケースバッティングなどの練習から
試合を想定して取り組もう。

捕手は状況に応じた守備体系を知るべし

　相手チームの戦術、シチュエーションや状況によってどういう作戦があるのかということを捕手が知ることによって、投手に要求するボールや、配球が変わってくる。相手の作戦がバントだったり、ヒットエンドランだったりする場面で、いかに作戦を未遂に終わらせることができるか、いかに作戦を失敗させるボールを要求できるかということが重要になり、そういう状況に応じた守備体系を知ることが大事になる。

　サッカーでは後方から全員を見ることができるゴールキーパーが守備陣に対して、「もっと右に寄れ」、「左に寄れ」といった指示を出すが、捕手の場合も他の野手とはグラウンドの見え方が違うので、ポジション的にも指示を出すのに優れている。

捕手側の目からみてこっちに打球がいきそうだという感性を磨いていくことによって、守備位置を動かしたりという指示を出せるようになり、野手の能力も向上する。

　この感性を磨くには練習が必要。普段のケースバッティングの練習から意識してやることが大事。ケースバッティングの練習の中で、タイプ別のバッター攻略法として、こういう球種を投げたときにはこういう打球が飛ぶ、といった知識を蓄積する。知識を吸収する意識をしっかりもって練習に臨むことは非常に大事だ。もちろん野球に絶対はないので、練習でやった通りになるとは限らない。ただ、いかに確率を高くできるかということは常に頭に入れて守備体系を組むことが大事である。

シチュエーション守備

シチュエーション1
基本守備（走者なし）〈球種で守り方を考える〉

≫〈予測される攻撃〉ヒッティング

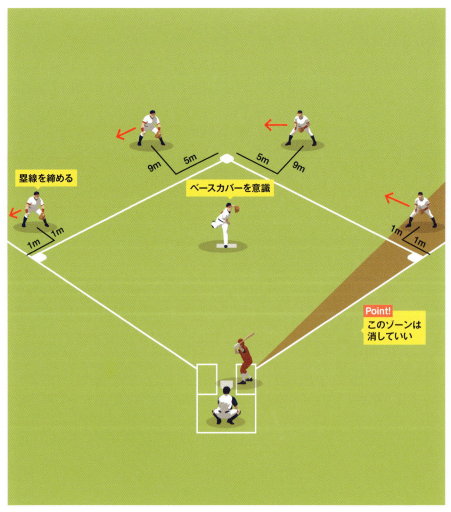

相手が左の弱打者で、自チームの投手のストレートでは右方向に飛ばないと判断した場合

必ずしも90度で守る必要はない

　バッテリーとして一番の理想は相手打者を三振、あるいは凡フライ、凡ゴロに打ち取ること。最悪の場合でもヒットコースをある程度予測して、守りを動かすことも大切だ。例として走者なしの場面で相手は左の弱打者。自チームの投手のストレートでは右方向に飛ばないと判断した場合、内野全体をやや左に寄せ、外野も全体的に左寄りにシフト。打球の方向が予測できる場合は広角に守備を分散するのではなく、打球の飛ぶコースに守りを集中させることも必要だ。おそらく多くの人が野球は90度でやるものだと思っているのではないか？
投手と打者の関係を気にすることなく同じところを守っているという場面をよく見かけるが、バッターによっては一、二歩守備位置をかえるだけでも大きく違うということ。それだけアウトにできる確率は上がる。

 ポイント①
球種によって守備位置をかえる

打者のタイプだけでなく、球種によって守備位置を動かすことも大事。「ストレートは引っ張れない」、あるいは「真ん中低めの変化球は右に打てない」など、球種から打球方向を予測することも大事

 ポイント②
捕手の指示だけに頼らない

毎球捕手が指示を出すのではなく、各野手が捕手のサインによって自主的に守備位置をかえることができるようになれば、チームの守備力はグンとアップする

シチュエーション守備

シチュエーション2
無死一塁〈ダブルプレーねらい〉

無死一塁のためバントが想定されるケースだが、打者が中軸の場合は強打も考えられる。その場合、ゴロを打たせてダブルプレーをねらう。一塁、三塁はバントを頭に入れながら守備をする。

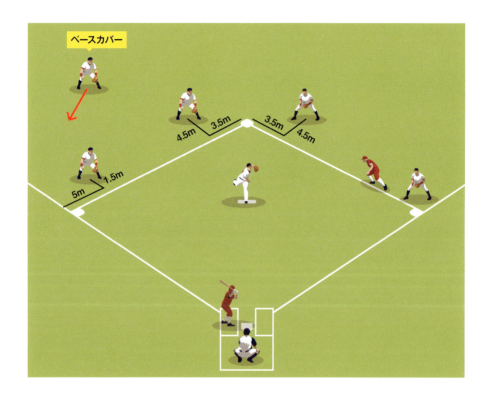

▼ 野手の動き方と守備位置

一塁手	ランナーをけん制して、投球と同時に打球に備える。	三塁手	セーフティーバントも頭に入れて守備。
二塁手&遊撃手	盗塁、一塁セーフティーバントを頭において守る。エンドランも考えられるため、盗塁時の早いベースカバーはNG。	外野手	内野ゴロが飛んだ際には状況を考えて、二の矢、三の矢のカバーをする。

シチュエーション守備

シチュエーション2
無死一塁〈バント&エンドラン対応〉
（ねらい）

打者がバントの構えをしたら三塁手は前に出ること。三塁が前にくると、三塁方向へのバントがしづらくなる。そうすると必然的にバントは一塁側に。プレッシャーをかけることによってバント方向を限定させるというのも守りの戦術。左打者であれば外のボールを一塁側にバントするのは非常に難しい。打球方向を限定させるというのは相手打者にプレッシャーをかけることになる。

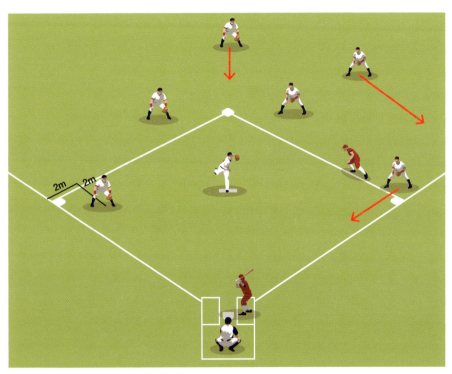

▼ 野手の動き方と守備位置

一塁手 ランナーをけん制しつつ、バント、ヒッティングに対する備えをする。

二塁手 バント時の一塁ベースカバーを頭におき、ヒッティングに備える。

遊撃手 バント時の二塁封殺を意識しつつ、ヒッティングに備える。

三塁手 バントの構えをしたら2メートル守備位置を前にする。

シチュエーション守備

シチュエーション3
無死一、二塁〈簡単に進塁させない〉

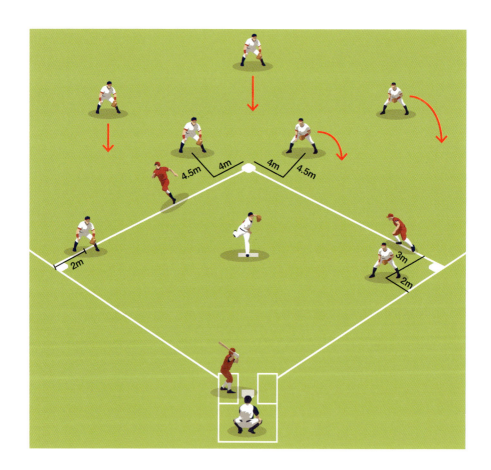

▼ 野手の動き方と守備位置

一塁手 強いバント時の三塁封殺を意識。

二塁手 バント時の一塁ベースカバーが遅れないこと。ヒッティング時はダブルプレーをねらう。

遊撃手 二塁ランナーをけん制し、三塁への強いバントの場合は二塁封殺のため打球と逆の動きになる。三塁側へのヒッティングの場合は二塁手が二塁ベースカバーに入るので打球を追う。

三塁手 三塁前のバントは確実に一塁で封殺。盗塁、ヒッティングへの備えも必要。

Level UP!
Bサインを練習しよう!

簡単に送りバントで二、三塁というチャンスを作られないために、「Bサイン」(バントシフトサイン) を用いる。

Bサインはまず、遊撃手が二塁走者をけん制して一度ベースのほうに入る。守備位置に戻ると同時に三塁ベースに走っていく。その時点で投手が投げて、同時に一塁手と三塁手がホームにスタートを切る。三塁のカバーは遊撃手が入る。これがBサイン。投手が投げた時点で一塁手、三塁手が出てくるため、バントをした場合は三塁封殺の可能性が高くなる。また、Bサインをおとりに使ったプレーもある。遊撃手が一度二塁ベースに入ってから三塁に走り、一塁手と三塁手が打者に向かってスタートすると、二塁走者がリードを大きくとる。それを逆手にとって二塁手がベースに入ってセカンドけん制という作戦だ。Bサインの前段階のけん制。このようにセットにして守ること。簡単に二、三塁というシチュエーションを作らせないことが大事だ。

 ポイント

一塁走者は無視していい

二塁に走者がいるため一塁走者はマークしなくていい。そのため一塁手はベースにつかず、バントシフトをとる

 ポイント

サインプレーによる一塁けん制も有効

バントに備えて一塁手はホームへスタート。捕手がウエストして、二塁手がベースカバーに入った一塁にけん制を投げる。こうしたサインプレーも有効なので練習から取り入れておこう

シチュエーション守備

シチュエーション4
無死三塁〈中間守備で対応〉

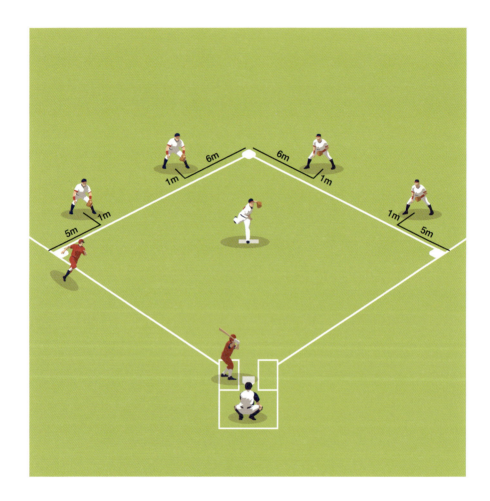

▼ 考えられる相手の作戦と対策

≫スクイズ　ヒットや外野フライが期待できない下位打線の場合に予想される。バッテリーで簡単にバントをさせないようにする。

≫強行策　外野フライを打つ能力のある打者の場合は無死ということもあり、強行策でくる可能性が高い。その場合は中間守備でいい。

 ワンポイントアドバイス

ランナーの足に注意する

ノーアウトの場合、普通の内野ゴロなら三塁走者は自重する可能性が高いので中間守備でいい。ただ、三塁走者の走力によってはホームをねらってくる場合もあるので、ランナーの走力には注意したい。足の速いランナーのときは中間より前という守り方もありだ。

Level UP!

ランナーから目を離さない

ノーアウトであり、普通のゴロで無理をする場面ではないため、普通の走者は自重することが予想される。打球をさばいた野手はしっかりランナーをけん制して一塁を確実にアウトにする。ただ、ここで気をつけたいのは、「三塁ランナーは走らない」と決めつけないこと。走ってこないと決めつけて早くランナーから目を切ってしまうと、頭のいいランナーの場合はその隙をついてホームをねらってくる可能性がある。一塁に送球した時点でスタートするランナーもいるので、一塁手はそこまで考えておくこと。

 ポイント

投手が一塁ベースカバーに入る場合は切り返しが重要

一塁ゴロで投手が一塁ベースカバーに入った場合は注意が必要。普通はベースカバーで駆け抜けるが、三塁走者の本塁進塁を防ぐため、ベースを踏んだら切り返してランナーを見るように

シチュエーション守備

シチュエーション5
無死一、三塁〈本塁封殺 or 併殺〉

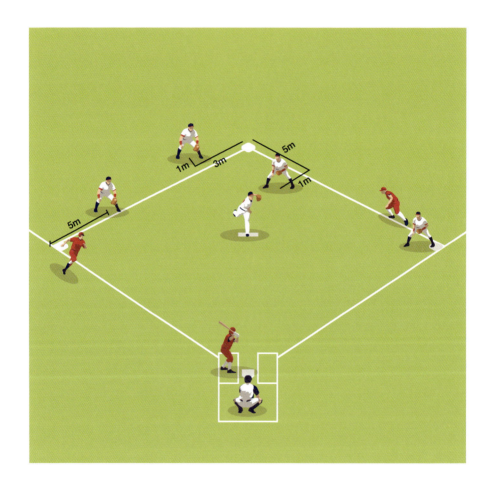

▼ 野手の動き方と守備位置

一塁手 ランナーをけん制し、スクイズも頭におく。

二塁手 バックホームを意識して前進守備。遊撃手の二塁ベース寄りのゴロは二塁ベースカバーでダブルプレーをねらう。

遊撃手 一塁ランナーの盗塁を意識しつつ、打球によって対応する（本塁封殺、ダブルプレー、一塁封殺）。

三塁手 スクイズもあるため三塁ランナーの動き出しに注意しながら打球に対応。

 **ワンポイントアドバイス**

守り方を明確にする!

無死一、三塁の場面で大事なのは、どう守るのか、守備体系を明確にして守ることだ。試合終盤で1点もやりたくない場面なら当然本塁封殺が第一選択肢となるが、イニングが浅い段階では三塁走者は気にしないで完全にダブルプレーねらいでいい。とにかくチームとしての守り方を明確にしておくことが一番大事だ。たとえばショートに強いゴロが飛んで、三塁走者がちょっと自重した。そういうときは遊撃手が二塁にトスして一つアウトをとり、さらにスタートが遅れた三塁走者をホームで封殺なんていうプレーが起こることもある。だからいちがいにすべてが決めた通りにならないということはある。ただ、ある程度方針としてホームを優先すべきなのか、ダブルプレーを取りにいくかは明確にしておいたほうがいい。「どっちでもいい」というあいまいな考え方は判断を迷ってミスにつながりやすい。

 ポイント

投手の守備も明確に

投手の正面にゴロが飛んだ場合の対処も明確にしておく。本塁封殺なのか、それとも二塁へ送球してダブルプレーをねらうのか、目的を明確にしておいたほうがいい。事前に捕手が必ず指示しておくこと

シチュエーション守備

シチュエーション6
一死三塁〈本塁封殺〉

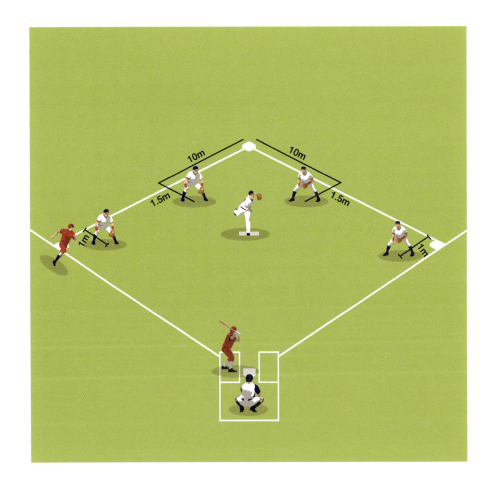

▼ 野手の動き方と守備位置

一塁手 前進守備でバックホームねらい。バックホーム後に一塁ベースカバーに入れるようにもしておく。

二塁手 一塁寄りに10メートル詰めたうえで前進守備。一塁手が前でさばいた場合には一塁ベースカバーに入れるようにする。

遊撃手 三塁寄りに10メートル詰めたうえで前進守備。

三塁手 三塁ランナーを意識しつつ、前進守備。

打者と走者の見極めが大事

一死三塁は基本的にゴロGOなので内野手はすべてバックホーム態勢。当然前進守備となる。ただし、打者のタイプの見極めは大事。打球の速い強打者の場合はあまり前に出なくても正面にきたら本塁で封殺できる。むしろ前進守備で速い打球を対処できないリスクを回避したい場合は少し下がってもいいだろう。この場合は三塁ランナーの足の速さも確認しておかなければならない。打者の打球の速さと走者の足の速さを両方考えて守備位置を決めよう。

間を抜かせない守備位置

二塁手と遊撃手は一、三塁に約10メートル寄って前進守備を敷く。塁間をしっかり詰めて間を抜かれないようにする。前進守備で打球をさばくと三塁ランナーが自重することもあるが、一塁送球の際は必ずランナーを目でけん制して本塁突入を防ぐようにする

一、三塁からの戦術と対策〜①偽装スチール

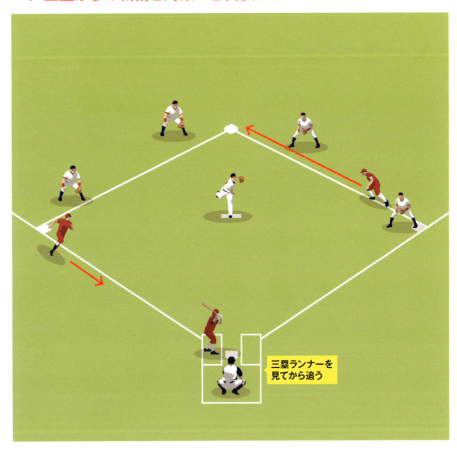

三塁ランナーを見てから追う

 **対策ポイント**

作戦を予測しておく

捕手が知ってさえいれば十分防ぐことができる。大事なのは相手打者の動作に対してあわてないこと。捕手はスクイズを意識しつつ、打者がバントを空振りした際には三塁ランナーを追おうとはせず、まずは三塁ランナーを見る。もしもスクイズを失敗して空振りしたのであれば、ランナーは相当ホームに近づいてきているから、一度見てから追い始めても挟殺できる。三塁ランナーのリードが小さい場合は二塁送球もできる準備をしておく。とにかく相手の作戦を予測していれば十分に対処はできる。

 偽装スチールとは!?

打者がスクイズを空振りした演技をして捕手に三塁走者を追わせるように意識させて一塁走者がらくらく二塁を陥れる作戦。ダブルプレーがない二、三塁の状況を作ることがねらい。

一、三塁からの戦術と対策〜②一、三塁ランナーの重盗

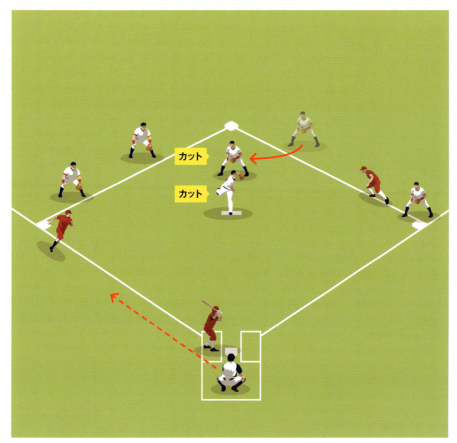

 対策ポイント

対策1　二塁手がカット
遊撃手がカットに入ると三塁ランナーに背を向ける形になるので判断が難しい。三塁ランナーを視界に入れることができるので、カットには二塁手が入る。二塁手は三塁ランナーの動きを見ながら、カット or スルーを判断する。

対策2　投手がカット
サインを決めておいて捕手は三塁ランナーには目をやらずに投手に送球。三塁ランナーが飛びだしていたら三本間挟殺へ。

対策3　捕手の三塁送球
足の速いランナーの場合、リードが大きくなるので、捕手は捕球後、すぐに三塁送球する。このとき、ランナーに当てないように普段から練習しておこう。

 一、三塁ランナーの重盗とは⁉

- **パターン1**　投手が投げた瞬間に一塁ランナーがスタート。捕手が二塁送球するのを見て三塁ランナーがスタートを切る。
- **パターン2**　スタートを切った一塁ランナーが一、二塁間にわざと挟まれて、挟殺の間に三塁ランナーがホームを陥れる。

一、三塁からの戦術と対策〜③セーフティースクイズ

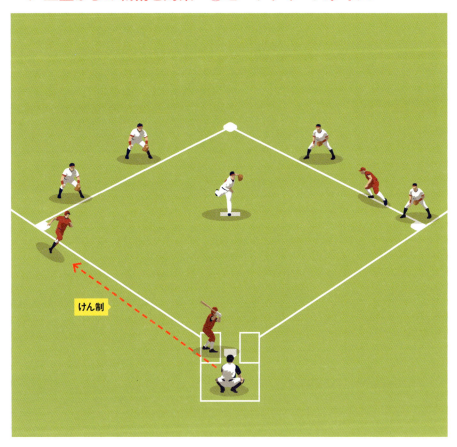

けん制

 対策ポイント クイックけん制が有効

セーフティースクイズの場合は三塁ランナーのリードオフが大きくなるため、捕手からのクイックけん制が有効だ。セーフティースクイズはストライクバント。スクイズを外すときは立ち上がって外すが、そうすると三塁ランナーはスタートを切らない。ならばストライクの高さでボール球を要求して捕球後すぐにけん制をすることが大事。ストライクの高さならランナーが動く可能性があるし、リードが大きい。バントしたらGOなのでいつもよりスタートの意識が高いし、リードオフが大きくなるのでけん制で刺すチャンスは十分ある。そこをねらった作戦。ただ気をつけたいのが、ランナーの背中に当ててしまうこと。三塁に走者がいるため暴投すると即1点につながるので、普段から送球の練習はしておこう。

セーフティースクイズとは⁉

一、三塁からのセーフティースクイズはよく使われる攻撃で、一死一、三塁がセーフティースクイズを使うのに一番効率がいい場面だ。外野フライだと1点入って二死一塁だが、セーフティースクイズだと、1点入ってなお二死二塁とチャンスが続き（打者が生きる可能性もある）、非常に効率がいい攻撃になる。走者と打者の技術が高ければリスクも少ない攻撃。逆に言うと、打者と走者の技術が高いと守る側は防ぎようがない。

一、三塁からの戦術と対策〜④スクイズ

対策ポイント　クイックで投げる

スクイズは打撃の構えから両足つま先を投手に向けてやや開いて構えるため、フォームに入るまで時間がかかる。そこを利用してスクイズを防ぐ。クイックで投げるとスクイズの構えが遅れたり、あるいは早く動いたりする可能性もある。打者が早く動いたらその時点で投手がスクイズを外せる。捕手のサインで外すのでなく、投手の機転で外す場合もあるということを頭に入れておくといいだろう。投手がスクイズに気づいて外しているのに捕手が気づかないなんてことがないように日頃からスクイズ対策の練習はしておこう。

スクイズとは!?

三塁にランナーがいる場合にバントを転がしてランナーをホームに迎え入れる作戦。外されると三塁ランナーが挟まれてアウトになるので仕掛けるタイミングが非常に大事。逆に守備側は仕掛けてくるタイミングを読んで外す。

一、三塁からの戦術と対策〜⑤ヒットエンドラン

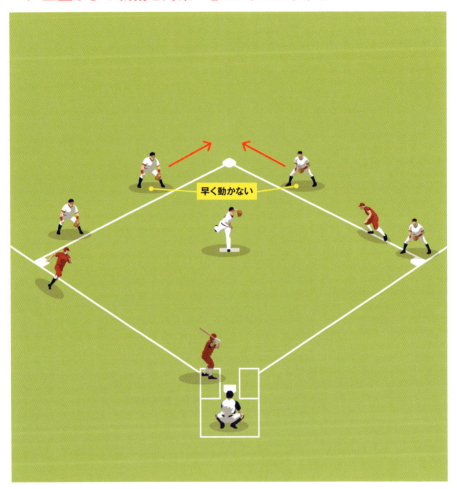

 対策ポイント

二塁手、遊撃手は早く動きすぎない

エンドランが考えられるケースで捕手が出す指示は「早めに動くな」ということ。ランナーがスタートを切った瞬間に二塁手（遊撃手）がベースカバーに動くと、その分塁間が広くなったり、あるいは動いたことで逆を突かれたりと、ヒットが出る可能性が高くなる。なので多少ベースカバーが遅れてもいいから早く動きすぎないようにさせる。捕手は打者が空振りした場合、野手のベースカバーが遅れることを想定して、二塁へ送球する。その際、三塁走者を確認することを忘れないように

ヒットエンドランとは⁉

投球と同時に走者がスタートし、打者はその投球を打って進塁をねらう攻撃。守備陣がスチールのベースカバーに動くと塁間が広くなって間を抜けやすくなる。

シチュエーション守備

シチュエーション7
一死二塁(左弱打者)〈三遊間を詰める〉

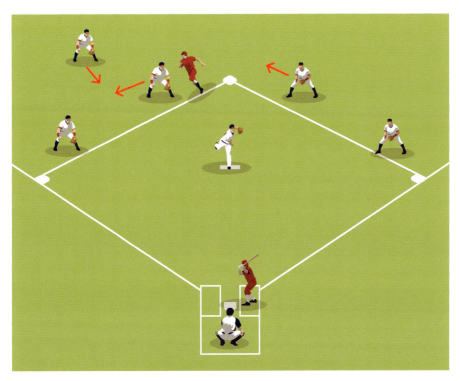

▼ 野手の動き方と守備位置

二塁手 通常より二塁ベース寄り。
遊撃手 三塁ベース寄りで三遊間の間を抜かれないようにする。

左翼手 三遊間を抜かれた際のバックホームに備えて前進守備。

ストレートか変化球かで守備位置をかえる

相手は左の弱打者なので外角のストレートで勝負するとレフト方向に飛ぶ可能性が高い。レフトは前、センターは定位置やや前で遊撃手は三塁ベース寄りで三遊間を詰める。変化球で勝負する場合は引っかける可能性が高いので一二塁間を詰める逆の周りになる。球種によって守備位置をかえる機転は必要だ。

シチュエーション守備

シチュエーション8
一死満塁〈ダブルプレーを取る〉

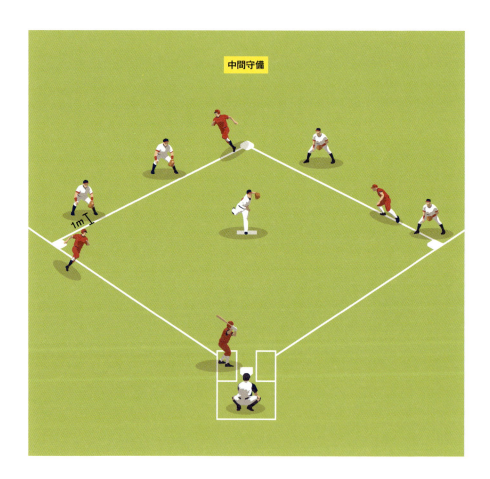

中間守備

1m

!ポイント **確実にダブルプレーを取る**

満塁は近い塁でアウトが取れるので比較的守りやすい。一死であればダブルプレーでチェンジをねらうため中間守備。一塁前、三塁前はホームゲッツーをねらい、三遊間に飛んだ場合は6-4-3、一二塁間の場合は4-6-3または3-6-1（3）でダブルプレーをねらう

シチュエーション守備

シチュエーション9
無死満塁〈バックホーム〉

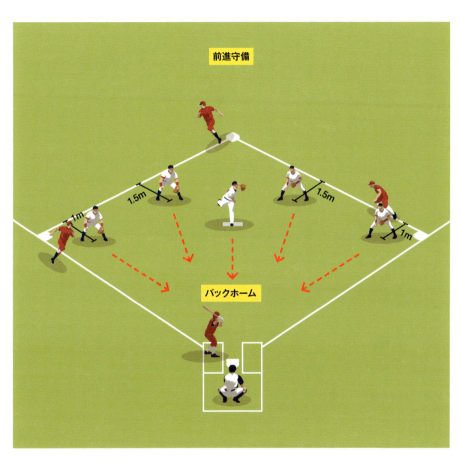

> [!ポイント] 最悪でもホーム封殺

無死満塁は守備側にとっては絶体絶命のピンチ。しかしあわてずにアウトを取っていくことが大事だ。この場合は第一選択肢がバックホームになるので一塁手、三塁手だけでなく、二塁手、遊撃手も前になる。1点もやりたくないのでまずはバックホーム。

最悪でもホームで一つアウトを取る。理想の形は○-2-3のダブルプレーだ。捕手は一塁封殺がきびしい場合は一塁に偽投したあと、三塁へ送球して二塁走者のオーバーランをねらう

シチュエーション守備

シチュエーション 10
無死 or 一死二、三塁〈二塁ランナーに注意〉

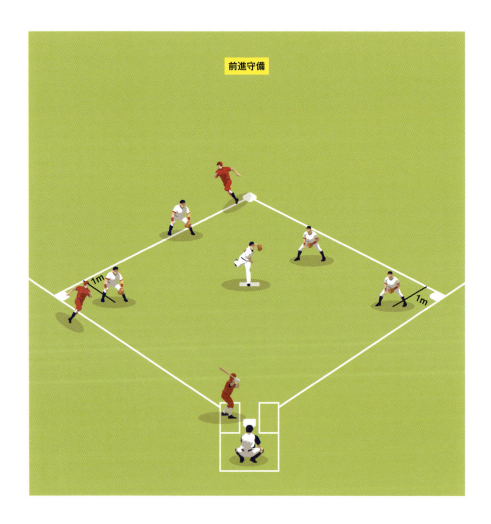

前進守備

▼ 野手の動き方と守備位置

一塁手　バックホームに備えて前進守備。
二塁手　二塁ランナーは気にしなくていいので前進守備。
遊撃手　基本は前進守備。少し広めに構えてもいい。
三塁手　バックホームに備えて前進守備。

 **ワンポイントアドバイス**

すべてゴロGOだと思っておく

二、三塁はダブルプレーがないので内野手としてはホームしか考えなくていい。ランナー三塁のみのときと違い、二、三塁の場合は無死であっても三塁ランナーが突っ込む可能性が高い。もしも完全にアウトのタイミングだったとしても、三本間に挟まれて時間を作れば、再び二、三塁の状態を作ることができるからだ。こうした背景からも二、三塁で内野ゴロの場合はすべてホームをねらってくると思って心の準備をしておいたほうがいい。

ポイント
打者によっては広く守る

この場合、二塁ランナーは無視していいので三塁ランナーをホームで刺すことだけを意識すればいい。ただし、走者は確実にゴロGOの頭でいるので、すごくいい反応でスタートを切ることが予想される。

遊撃手、二塁手の位置は打者の打球によっては本塁封殺が難しい可能性もあるので、打者によっては広く守ることも必要だろう。とにかくランナーをためて大量失点につながることは避けたい

ポイント
二塁走者は絶対返さない

一塁ゴロで投手がベースカバーに入った場合、三塁走者のホームインは仕方ない。ただし、二塁走者もホームをねらってくる可能性があるので、投手はベースを踏んだらすぐにランナーを確認する

こんなときどうしたらいいのか？ 一人では解決できない悩みを経験豊富な著者が解決していきます！

どんな性格の人が捕手には向いていますか？

野球に対する探究心が旺盛な人

捕手は投手と他の野手のパイプ役です。監督やコーチからの投手へのアドバイスをしっかりと理解し、継続的に課題に取り組ませるなど、包容力やコミュニケーション能力が求められます。野球に関する知識の蓄積や相手打者の分析など、野球に対する探究心が旺盛な人は捕手に向いていると言えるでしょう。研究を惜しまないことが捕手にとって重要なことだと思います。

投手の調子(コントロール)が悪いときはどんなことをしたらいいでしょうか？

ピンポイントの要求はしない

コントロールが悪いときにピンポイントでボールを要求してしまうと、逆に腕の動きが制約されてかえってフォームを崩して調子が悪くなってしまうということがあるので、的をアバウトにして腕をしっかり振らせることを心がけたほうがいいでしょう。自分の構えたところにボールがこないと、"ここだ""ここだ"とピンポイントで要求したくなってしまうものですが、そんなときこそアバウトにしたほうがいいです。調子が悪い投手に細かいコントロールを要求すると余計に頭が突っ込んだり、腕が振れなくてバランスが崩れたりしてしまうことがあるので注意してください。

サインを覚えるコツは
ありますか？

自分たちでわかりやすいサインを作る

複雑なサインで覚えることが困難なものもあると思います。だとしたら指導者としっかり話をして、相手に悟られずになおかつ自分たちでわかりやすいサインを模索することが重要だと思います。現在、サイン盗みは全面的に禁止されているので、サインを盗まれるリスクよりも、サインミスのほうが怖いのです。まずは自分たちがわかるサインでやることから始めましょう。最近は高校生でも球種の多い投手がいますが、同系球種（スライダーとカットボールなど）をまとめてしまうことも可能です。球種が多くて指が足りない、みたいなときはそうやってサインを簡潔にすることも必要でしょう。

投手が変化球を一つしか
持っていない場合は
どうリードしたらいいでしょうか？

相手のタイミングを外す

まずはストレートと一つしかない変化球の精度を磨くことが大事だと思います。持っている変化球の精度とストレートをしっかり磨いて、打者の左右に関係なく、両サイドに投球できるコントロールやストレートの球威などを向上させることが必要です。投球フォームのリズムや、投球間隔を変化させることで打者のタイミングを外すことも工夫できます。変化球が一つしかないと悲観するのではなく、コースや緩急を使えば攻め方の幅は広がると考えてみてください。たとえば左打者にはスライダーを投げられないなど、苦手があると攻め方が非常に狭められてしまいますが、左右関係なく両サイドに変化球を投げられれば攻め方は広がりますので、変化球が一つでも十分勝負できます。それに加えて投球間隔を早くしたり、遅くしたりして、相手のタイミングを外す。そういうことを考えてリードしたらいいでしょう。

なかなか投手とサインが合わないことがあります。呼吸を合わせるためにはどうしたらいいでしょうか？

日頃から信頼関係を築く

捕手は投手の球種など特徴を把握することが重要ですが、性格やクセといった野球とは関係ない部分も知る必要があります。試合中だけで呼吸を合わせようと思っても難しいので、日頃から意識することが大事。しっかりとコミュニケーションを取り、捕手として人間として信頼関係を築くことが重要です。日常から信頼関係があれば、いざという場面で投手は安心して投げ込んできてくれます。

ホームでのクロスプレーが うまくなるには どうしたらいいでしょうか？

防具のメンテナンスも忘れずに

ホームでのクロスプレーの対処についてはあまり練習する機会がないので、走者のスライディングをイメージして、タッチ及びブロックをすることが大事だと思います。ノックのときなどでも、ただ形だけで「アウト！」とタッチのマネをするのではなく、ランナーがどんなスライディングをしてくるのか、イメージしながらタッチをするようにすること。また、自分がクロスプレーでケガをしないためにも、防具の正しい装備やメンテナンスも重要です。たとえばレガースのヒモが外れていたりすると、スライディングを受けたときにレガースが横を向いてしまってケガにつながったりすることもあります。これはクロスプレーとは関係ありませんが、襟元が伸びたプロテクターをはめている捕手を見ることがあります。バウンドがはねてノドに当たったりする危険性もあるので、防具のメンテナンスは怠らないようにしましょう。

肩が弱くても盗塁を
刺す方法はありますか？

実戦を想定した練習で正確性を磨く

まずは捕球から送球までのフットワークを磨くことだと思います。キャッチボールでは普通に投げても本塁と二塁の距離を正確に投げられると思います。しかし、投手のボールをしっかり捕球して、なおかつ打者をかわして投げるとなると、難しいです。実戦で素早く正確に投げるためには練習段階から試合の状況を常に意識してやること。実際に打者を立たせてスイングをしてもらって送球をしたり、変化球を捕球してから送球したり、試合に近い状態で練習しておくことが大事でしょう。いろんなシチュエーションの中で本塁から二塁の距離を正確に投げられるようにして、目をつぶっても投げられるぐらいの距離感覚がつかめていれば盗塁阻止の確率は高まります。また素早く投げると言っても握りかえが大事。送球ミスの７〜８割が握りかえミスなので、しっかり握りかえの練習をして、このミスをしないように技術を高めておきましょう。

いい捕手の条件はなんでしょうか？

投手の良さを引き出すこと

いい捕手の条件は確実な捕球、送球ができて、状況の変化に迅速に対応できること。投手はもちろん、チームの中で信頼を得られていることも大事な要素。投手がほめられることを素直にやり甲斐と思い、失点の責任を背負う覚悟も必要です。これらを満たす捕手がいい捕手と言えるでしょう。まさに縁の下の力持ちです。あまりスタンドプレーが多い捕手はいい捕手とは言えないでしょう。打者の裏をかこう、裏をかこうと、一人よがりのリードをするようなタイプはいい捕手とは言えません。投手を活かすことが捕手にとって一番いいリードだと思うので、持っている資源を最大限に活かすためには、投手の良さを引き出すことをまず意識してください。

投手に不安を与えない構えや
捕球時の動き方はありますか？

投手の投げやすさを優先する

まず一つ、投手が投球する際に的となるミットをタイミングよく大きく見せること。投手は投げるときにミットがそこにあると非常に安心し、投球が安定します。投手が見たいときにしっかり的を構えてあげることが大事だと思います。また、構えとして大事なのは投手にいらないストレスを与えないこと。たとえば盗塁を意識しすぎて腰高になったり、球種サインのタイミングが遅れたり、そういうことで投手にストレスを与えるのは良くありません。自分が盗塁を刺したいからといって構えをいつもと変えてしまったら、投手は当然投げにくくなります。自分のことよりも投手の投げやすさを優先すること。何よりそれが大事です。

審判に嫌われない捕球方法を教えてください。

ミットを極力動かさない

大事なのはストライクをストライクと判定してもらうことで、ボール球をストライクと判定してもらう必要はありません。それを頭に入れて捕球すればいいと思います。あまりキャッチャーミットを極端に動かすと注意されることがあります。また、審判の判定に対して不満な態度をとったり、審判のほうを振り返ってみたりすると、審判はとても嫌がります。キャッチングの技術を勘違いしてミットをストライクゾーンに動かす捕手を目にすることもありますが、それはマイナスでしかありません。ミットは極力動かさないほうがいいのです。また、審判を度外視して「エー!?」などと反応したり、審判をバカにするような態度をとったりしてはいけません。とくにお客さんがいる試合で審判を振り返って「ボールですか?」と聞いたりすると、不信感を抱いていることをお客さんに見せることになり、審判はとても嫌がりますので、絶対にやめましょう。

体が小さいと捕手としては不利でしょうか？小柄な場合に必要なことはなんでしょうか？

素早さや正確性を磨く

体の大きさで有利、不利があるかといえば、筋力の問題があるので体が大きいほうが有利ではあると思います。ただ、小柄でも捕手は十分務まります。捕手としての投げる、捕るといったスキルがしっかりしていればそれを補うことは可能だと思います。体格の影響を受けない部分、つまり敏捷性やフットワークなどを磨くことが大事。体の大きい選手はあまり動かなくても届く範囲が広いですから、小さい動きでボールを止められたりします。また、体が大きければその分筋力も強いと思うので肩が強いなどの利点もあるでしょう。小さい選手はフットワークをしっかり使ったり、スローイングでも捕ってからの素早さや正確性を磨いていけば大きい選手に負けないだけのパフォーマンスはできると思います。

投手への声がけのタイミングで気をつけたほうがいいことは？

状態を的確に伝える

投手が弱気になっているときや冷静さを失っているときは状況はどうあれタイムを取って、落ちつかせてあげたり、闘争心をあおるようなアドバイスをしましょう。試合中はタイムを取るタイミングが重要なので、練習試合のときからタイムを取るタイミングや何を言うかというのは準備しておく必要があります。では、どんな言葉をかけるべきか？ 状態を冷静に伝えてあげることが一番でしょう。「ヒジが下がっているからボールがスライダー回転してるぞ」とか「頭が突っ込んでるからボールが上ずってるぞ」とか「体が開いてるからシュート回転してるぞ」という具合に、投手の状態プラス、その結果ボールがこうなっているというのを的確に伝えれば投手も冷静に聞いてくれるはずです。

ブルペンではどんなことを考えて受けたらいいでしょうか？

投手を強化するため
緊張感のあるブルペンに

まず投手の強化ということを前提に、コントロール、スピード、球種の開発を頭に入れて受けましょう。それから捕球の精度の向上。これはミットが落ちたり、流れたりしないでしっかりとボールを止めること。また、投手に的をしっかり見せることを意識して捕球することも大事です。もう一つ大事なのは投手の投球とフォームの変化を冷静にチェックすること。体が開いているからシュート回転する、ヒジが下がったからスライダー回転する、といったことを冷静に見て、言葉で修正させてあげられるようになるといい。また、試合を想定して緊張感のあるブルペンにしていくのは捕手の役目です。ランナーがいることを想定してクイックをさせたり、追い込んだあとにしっかりとボール要求をしたり。ボール要求というと、アバウトに放りがちですが、ねらってボール球にするという練習もブルペンの中でやるべきことだと思います。

試合に勝てる捕手とはどんな捕手でしょうか？

冷静であきらめない
野球をよく知っている捕手

冷静にゲームの流れを読んで最後まであきらめないこと。勝っている場合はゲームセットまで油断をしないこと。そういう心がけが重要だと思います。相手打者をしっかり分析できていることや、状況に応じて野手に的を得た指示を出せるというのも大事。簡単に言ってしまえば、野球をよく知っている捕手が勝てる捕手だと思います。冷静な判断というのは場面に応じた守り方を判断すること。ここは一点をやってもいいからアウトカウントを確実に取ろう、など状況を冷静に判断する。一点を守りにいって大量失点というパターンもよく見られるので冷静さは大事。また、打ち込まれても「もうダメだ」とあきらめずに根気強く最少失点に抑えるという気持ちをもっていないといけないですね。

CONCLUSION
おわりに

　私も技術書を読んだり多くの指導者の方からお話を聞き、技術向上に努めてきました。でも、年を追うごとに「何で今まで気づかなかったのだろう」「こんなやり方もあったのか」と気づかされることが多々あります。その「気づき」をこの本を通して一つでも多く得ることができたでしょうか。

　配球にしても何万通りもあり、シチュエーションや投手の状況次第で大きく変化してきます。この本に書かれていることが私はすべてだと思っていません。それに捕手は失敗を積み重ねて、多くのことを経験するのです。まずは失敗を恐れず、思い切って挑戦してください。そして失敗したことは引きずってはダメですが、忘れないようにして日々練習することが大事だと思います。人間は恥をかくと成長するとよく言います。恥じたことに対して「失敗しないでやろう」と思い直して取り組むことが、次のステップになるはずです。

　また、日常生活で相手が何を考えているか、「相手がやってほしいこと、ほしくないこと」を考えるのは野球に大きくプラスになります。普段は人がやってほしいことをパッとやれば、相手は喜びます。逆に野球で「やってほしくないな」と思うことをやれば、相手にプレッシャーを与えます。そのように考え方が広がっていくと、もっと野球が面白くなるでしょう。

　捕手の一番の面白さというのは予測した通りにリードを行い、予測通りの投球が来て打ち取れたときです。そこで「オレがやったんだ」と大きな顔をして前に出ず、投手が賞賛される中で「よしっ！」と陰で投手をほめる懐の大きさが、捕手の満足感であり喜びなのです。

侍ジャパン社会人代表コーチ
中島彰一

著者&チーム紹介

著者
中島彰一 なかじま・しょういち

1966年7月1日生まれ。茨城県石岡市出身。小学5年生から野球を始め、取手二高時代は名将・木内幸男監督から指導を受け、甲子園に3度出場。高校3年夏は決勝戦に進出し、前年優勝校のPL学園（大阪）と対戦。延長10回に桑田真澄（元巨人）から勝ち越しの3ランを放ち全国制覇へと導いた。大会後には高校日本代表の韓国遠征のメンバーに選出される。東洋大を経て住友金属鹿島（現・新日鐵住金鹿島）に入社。9年間現役でプレーした後にコーチ、監督を歴任する。2015年9月に台湾で行われたアジア選手権に、侍ジャパン社会人代表のコーチとしてチームに帯同した。

モデル
鮫島哲新 さめしま・てっしん

1988年4月19日、鹿児島県出身。鹿児島工業高－中央大を経て2011年入部。

田島一憲 たじま・かずのり

1987年3月24日、埼玉県出身。聖望学園高－明治大を経て2009年入部。

協力チーム
新日鐵住金鹿島野球部（茨城県鹿嶋市）

1975年1月に住友金属鹿島野球部として創部。翌年に日本選手権へ初出場すると、創部9年目の83年には都市対抗初出場を果たす。94年からは5年連続で都市対抗に出場し、過去15回出場。00年、10年、11年と3位に。12年からは新日鐵住金鹿島に名称を変更。現在に至る。

デザイン／有限会社ライトハウス
　　　　　黄川田洋志、井上菜奈美、
　　　　　今泉明香、藤本麻衣、岡村佳奈
写　真／桜井ひとし
編　集／武山智史、
　　　　　佐久間一彦（ライトハウス）
イラスト／丸口洋平

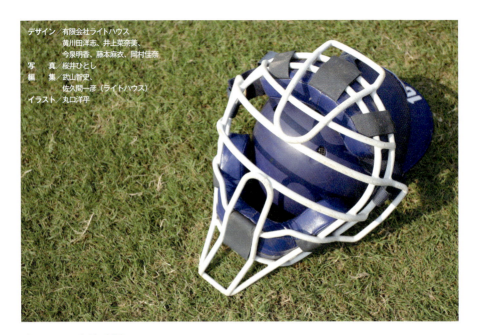

差がつく練習法
野球　想像力を育てる捕手ドリル

2015年11月25日　第1版第1刷発行

著　者／中島彰一

発　行　人／池田哲雄
発　行　所／株式会社ベースボール・マガジン社
　　　　　〒101-8381
　　　　　東京都千代田区三崎町3-10-10
　　　　　電話　　03-3238-0181（販売部）
　　　　　　　　　025-780-1238（出版部）
　　　　　振替口座　00180-6-46620
　　　　　http://www.sportsclick.jp/
印刷・製本／広研印刷株式会社

©Shoichi Nakajima 2015
Printed in Japan
ISBN978-4-583-10844-5　C2075

＊定価はカバーに表示してあります。
＊本書の文章、写真、図版の無断転載を禁じます。
＊本書を無断で複製する行為（コピー、スキャン、デジタルデータ化など）は、私的使用のための複製など著作権法上の限られた例外を除き、禁じられています。業務上使用する目的で上記行為を行うことは、使用範囲が内部に限られる場合であっても私的使用には該当せず、違法です。また、私的使用に該当する場合であっても、代行業者等の第三者に依頼して上記行為を行うことは違法となります。
＊落丁・乱丁が万一ございましたら、お取り替えいたします。